墨香财经学术文库

我国商业银行资本监管套利研究

Research on Arbitrage in Capital Regulation of Commercial Banks in China

李劲娴　著

东北财经大学出版社　大连
Dongbei University of Finance & Economics Press

图书在版编目（CIP）数据

我国商业银行资本监管套利研究 / 李劲娴著. —大连：东北财经大学出版社，2025.5. —（墨香财经学术文库）. —ISBN 978-7-5654-5620-6

Ⅰ.F.832.33

中国国家版本馆CIP数据核字第2025E5G812号

我国商业银行资本监管套利研究

WOGUO SHANGYE YINHANG ZIBEN JIANGUAN TAOLI YANJIU

东北财经大学出版社出版发行

大连市黑石礁尖山街217号　邮政编码　116025

网　　　址：http://www.dufep.cn

读者信箱：dufep@dufe.edu.cn

大连图腾彩色印刷有限公司印刷

幅面尺寸：170mm×240mm　字数：177千字　印张：15　插页：1

2025年5月第1版　　　　　　　　　　　2025年5月第1次印刷

责任编辑：李丽娟　徐　群　王芃南　韩敌非　责任校对：何　群

封面设计：原　皓　　　　　　　　　　版式设计：原　皓

书号：ISBN 978-7-5654-5620-6　　　　　定价：82.00元

教学支持　售后服务　　联系电话：（0411）84710309

版权所有　侵权必究　　举报电话：（0411）84710523

如有印装质量问题，请联系营销部：（0411）84710711

前言

纵观世界金融发展史，银行等金融机构为追逐高额利润而进行监管套利的行为，极大地加剧了金融体系的风险，这也是引发多次金融危机的关键诱因之一，上一次全球金融危机发生在2008年。巴塞尔银行监管委员会针对银行发布了一系列的《巴塞尔协议》，无论是1988年的《巴塞尔协议Ⅰ》、2004年的《巴塞尔协议Ⅱ》，还是2010年的《巴塞尔协议Ⅲ》、2017年的《巴塞尔Ⅲ：后危机改革的最终方案》，这些协议一直贯彻以资本监管为核心的风险监管理念，旨在对银行实施有效监管。虽然《巴塞尔协议》的每一次修订都会解决一些已发生的监管套利问题，但新的监管套利问题又会不断出现，银行和监管机构总是围绕"危机—监管—监管套利—新的危机—监管升级—监管套利"这样的模式展开博弈，这个博弈过程说明资本监管与银行监管套利之间存在千丝万缕的关系。

虽然我国在2008年前后所受到的金融危机的冲击较小，但当时整个国际环境都在加强资本监管。为了应对国际形势的变化，从2012年开始，中国银行业监督管理委员会相继发布了《商业银行资本管理办法（试行）》《商业银行杠杆率管理办法（修订）》等政策和文件，标志着我国新的资本监管框架初步构建完成。随着我国"四万亿计划"的实施，商业银行面对实体经济的强大资金需求，以及为追求高额利润，其监管套利的种子逐渐萌芽，开始利用通道业务进行监管套利，通过这几年大规模的发展，交叉金融风险不断积聚，系统性风险随时都有爆发的可能。2017年，中央将金融安全提升到治国理政的新高度，发布了大量的金融监管政策，商业银行的监管套利才有所收敛。从监管机构和商业银行的博弈中也可以看出，监管机构对商业银行的资本监管越来越严格，而商业银行的监管套利时而肆意、时而收敛。2023年5月，国家金融监督管理总局正式挂牌成立，旨在减少商业银行监管套利的空间，努力实现金融监管的全覆盖。为了进一步完善商业银行的资本监管规则，国家金融监督管理总局于2023年10月发布了《商业银行资本管理办法》。因此，本书将重点研究资本监管与商业银行监管套利的关系，这有助于完善我国资本监管、减少商业银行监管套利，从而维护资本监管的有效性，最终防范系统性风险的发生。

本书在梳理资本监管和银行监管套利相关文献的基础上，探究了资本监管与商业银行监管套利的关系，考察了资本监管压力、资本监管漏洞对商业银行监管套利的影响以及商业银行监管套利对资本监管有效性的影响。在此基础上，本书对我国在不同资本监管条件下的商业银行监管套利现状进行分析，揭示了我国商业银行监管套利的表现与危害，并选取我国89家商业银行的相关数据建立动态面板模型进行实证分析。另外，本书还借鉴了国外银行在资本监管方面的实践经验，并结合我国商业银行存在的问题，提出了完善我国资本监管、减少商业银行监管套利的对策。

本书的主要结论有四点：第一，通过对商业银行监管套利的动机、实现条件和后果的分析，发现逐利始终是银行的本性。一旦金融监管存在漏洞，商业银行在逐利动机的驱使下会进行疯狂的监管套利。由于金融监管作为一种制度，无法做到朝令夕改，因此金融制度的改革总是滞后于商业银行监管套利，而商业银行监管套利的长期性必然会对金融系统造成更为严重的破坏。第二，通过分析资本监管与商业银行监管套利的关系，发现资本监管压力影响了商业银行监管套利、资本监管漏洞为商业银行监管套利提供了空间以及商业银行监管套利削弱了资本监管的有效性。第三，通过实证分析，发现资本充足率和杠杆率的监管压力对银行通道业务规模产生了不同的影响以及银行通道业务规模降低了资本监管有效性指数；通过异质效应分析，发现国有大型银行、股份制银行以及城商行和农商行对资本监管压力具有不同的敏感性；通过调节效应分析，发现资本充足率和杠杆率的搭配应相互适应，如果二者差别太大则会给商业银行创造监管套利的空间。第四，通过借鉴国外银行在资本监管方面的实践经验，并结合我国商业银行存在的问题，提出了进一步优化资本监管体系、转变金融监管理念和完善金融监管体系的对策。

本书的创新之处在于：第一，突破了以往商业银行监管套利的单一分析视角，对商业银行监管套利的动机、实现条件和后果进行分析。同时将资本监管与商业银行监管套利关系的研究置于从商业银行监管套利的动机、实现条件和后果三个方面建立的分析框架之下，分析了资本监管压力对商业银行监管套利的影响、资本监管漏洞对商业银行监管套利的影响以及商业银行监管套利对资本监管有效性的影响。第二，对我国在不同资本监管条件下的商业银行监管套利进行了事实描述，发现我国商业银行利用通道业务长期进行监管套利的事实，并以我国2008—2021年的89家商业银行为研究对象，通过构建资本监管压力指标、银行通道业务规模指标和资本监管有效性指数，实证分析了资本监管压力对商业银行监管套利的影响以及商业银行监管套利对资本监管有效性的影响。第三，通过对美国、英国和德国的金融监管发展历程、银行监管套利方式和相关金融改革措施的梳理，得出提高资本质量、建立超级监管机构以及恢复央行监管权力的重要启示，并结合我国商业银行存在的问题，提出完善我国资本监管、减少商业银行监管套利的对策。

本书的出版得到了山西工程科技职业大学高层次人才科研启动经费（RCK202421）的资助，在此表示感谢。

李劲娴

山西工程科技职业大学

2024 年 12 月

目录

1

绪论

1.1 研究背景和意义

1.1.1 研究背景

2007年美国次贷危机爆发以后，现行金融监管的有效性遭到人们的质疑，美国、英国和德国等发达经济体纷纷修订各自国内金融监管规则，旨在填补金融监管漏洞，以维护金融系统的稳定性。虽然当时我国受到的冲击较小，但引发金融危机的诱因是值得我们深入思考的。一直以来，关于金融危机诱因的研究集中于更显性的原因，如不透明的资产证券化、脱离监管的影子银行和过度的金融创新等，而更深层次的原因——银行①监管套利——被很多学者认为是引发金融危机的重要因素（Beltratti and Paladino，2016；郁芸君等，2021）[1] [2]，却显有较为系统的研究。银行监管套利一直是现代金融监管研究的重要内容（曾刚，2013）[3]，如果不加以重视，可能要付出惨痛的代价，当时银行监管套利大规模盛行，降低了金融监管的有效性，金融监管无法发挥应有的作用，导致金融风险得不到有效防控，随着金融风险不断积聚和扩大，最终破坏了金融系统的稳定性。

从1988年的《巴塞尔协议Ⅰ》、2004年的《巴塞尔协议Ⅱ》、2010年的《巴塞尔协议Ⅲ》，再到2017年的《巴塞尔Ⅲ：后危机改革的最终方案》，《巴塞尔协议》的每一次修订都在解决已发生的银行监管套利问题。只要资本监管存在漏洞，银行监管套利就不会停止，进而影响资本监管发挥应有的作用。《巴塞尔协议Ⅰ》提出"以资本约束风险，进而保持银行体系稳健"的监管思想，一直是现代银行业监

---

① 这里的"银行"包括国内银行和国外银行。其中，国内银行是指我国的商业银行，国外银行是指投资银行和商业银行等。

管甚至是金融业监管的基本思路。从监管机构的角度来看，资本的作用是吸收银行经营过程中所造成的损失，从而维护金融系统的稳定性，监管机构应加强对银行的资本监管；但从银行的角度来看，银行的逐利性会促使其追求资本的高效利用，由于资本无法赚取投资收益，严格的资本监管又会给银行带来资本负担，因此银行存在规避资本监管的内在动机。《巴塞尔协议》的演进以及资本监管的趋严，一直伴随银行监管套利的不断升级，银行和监管机构总是围绕"危机—监管—监管套利—新的危机—监管升级—监管套利"这样的模式展开博弈。

银行监管套利的盛行会促使监管机构加强资本监管，而资本监管的趋严又影响了银行监管套利的动机，因此银行不断寻找资本监管的漏洞，以使这种动机变为现实，最终破坏了诸如资本充足率这类审慎监管工具的有效性。从《巴塞尔协议》的不断演进来看，由于《巴塞尔协议 I》对风险加权资产权重的划分过于简单，且对表外资产风险的资本约束不足，因此存在巨大的监管套利空间，银行可以通过金融衍生品将风险资产转移到表外。例如，通过资产证券化等方式达到"粉饰"资本充足率的目的，但真实风险并未分散。为应对上述银行监管套利的问题，《巴塞尔协议 II》于 2004 年发布，并于 2008 年全面实施，由于《巴塞尔协议 II》为证券化资产分配了更高的风险权重，因此美国银行利用《巴塞尔协议 I》的漏洞以及《巴塞尔协议 II》关于过渡期的安排，开展了大规模的资产证券化业务，导致其隐藏的风险急剧升高。加之《巴塞尔协议 I》和《巴塞尔协议 II》的监管对象都是个体银行，银行利用资产证券化等金融创新工具，将占用资本的高风险资产转移到其他金融机构，但真实的风险依然存在于整个金融体系中，并被金融衍生工具不断积累和传播，最终形成了系统性风险。因此，当市场泡沫破灭时，最终导致了全球金融危机的发生。为解决 2008 年金融危机所暴露的资本监管问题，巴塞尔银行监管委员会重新修订和补充了《巴塞尔协议Ⅱ》，并于 2010 年推出《巴塞尔协议Ⅲ》，不仅重新定义了银行的资本质量和资本数量，还引入了不涉及风险加权资产的杠杆率指标作为资本充足率的补充指标，旨在帮助监管机构更准确地把握银行的总体杠杆情况，进而约束银行利用资本充足率的漏洞进行监管套利的行为。

我国资本监管始于 1995 年颁布的《中华人民共和国商业银行法》，第一次以法律形式规定了我国商业银行的资本充足率不得低于8%，但由于当时没有建立相应的惩罚机制，因此对于未达标的商业银行并没有造成实质性影响。2004 年，中国银行业监督管理委员会（以下简称中国银监会）颁布了《商业银行资本充足率管理办法》，主要以《巴塞尔协议Ⅰ》为基础，并借鉴了《巴塞尔协议Ⅱ》的"三大支柱"框架，明确规定我国商业银行资本充足率不得低于8%，且核心资本充足率不得低于4%，并提出了资本监管的具体实施要求，初步形成了我国的资本监管框架。2008 年金融危机发生后，中国银监会分别于 2012 年和 2015 年发布了《商业银行资本管理办法（试行）》《商业银行杠杆率管理办法（修订）》，主要以《巴塞尔协议Ⅲ》为基础，确立了我国资本监管的新框架。面对资本监管的趋严，我国商业银行为躲避资本监管和获取高额利润，先后把信托公司、证券公司、基金公司、保险公司及其他金融机构等作为通道，通过开展通道业务进行监管套利，该类业务使我国的交叉金融风险不断积聚，系统性风险随时都有爆发的可能。2017 年，中央将金融安全提升到治国理政的新高度，监管机构发布了大量的金融监管政策和文件，我国商业银行监管套利才有所收敛。2023 年 2 月，中国银行保险监督管理委员会（以下简称中国银保监会）与中国人民银行开始对《商业银行资本管理办法（试行）》进行修订，并发布了《商业银行资本管理办法（征求意见稿）》，其出台背景是因为《商业银行资本管理办法（试行）》实施的十年间，出现了一些新的问题，所以需要针对这些新的问题进行调整。2023 年 5 月，国家金融监督管理总局正式挂牌成立，专门负责除证券业之外的金融监管，从而形成监管合力，有助于减少"监管重叠""监管真空""监管冲突"的问题，减少我国商业银行监管套利的空间，更好地维护我国金融体系的稳定性。

从目前的金融监管环境来看，无论是《巴塞尔协议》，还是我国的资本监管制度，资本监管都越来越严格，但我国商业银行监管套利并未停止，如果对我国商业银行监管套利放任不管或不加以重视，资本监管的作用就会大打折扣。因此，探究资本监管和商业银行监管套利的关系是本书研究的重点，这有助于完善我国资本监管、减少商业银行监管套利，从而维护资本监管的有效性，进一步防范系统性风险的发生。本书依托资本监管和商业银行监管套利的理论分析，从商业银行监管套利的动机、实现条件和后果三个方面，对资本监管和商业银行监管套利的关系进行分析，并对我国商业银行利用通道业务长期进行监管套利的事实进行实证分析，再对美国、英国和德国在完善资本监管、减少银行监管套利的实践进行梳理，从而提出了完善我国资本监管、减少商业银行监管套利的对策。

1.1.2 研究意义

1）理论意义

本书的研究充实了监管套利理论。监管套利理论最早出现于 20 世纪 90 年代，但以监管套利为主题的研究仍然少见。在现有的文献中，多数以 2008 年金融危机为背景，围绕监管套利的定义、模式和影响等方面进行定性研究。本书在现有研究的基础上，突破以往商业银行监管套利的单一分析视角，从商业银行监管套利的动机、实现条件和后果三个方面对商业银行监管套利进行分析，进一步充实了学术界关于监管套利理论的研究成果。

本书的研究拓展了资本监管的研究内容。目前，关于资本监管的研究拥有大量成果，已有的文献集中于资本监管的有效性方面，包括资本监管对银行风险承担的影响、资本监管对银行盈利能力的影响和资本监管对宏观经济的影响，但并未形成统一结论。随着商业银行监管套利手段的逐步升级，资本监管的有效性有所弱化，这不得不考虑商业银行监管套利在资本监管过程中所扮演的角色。目前，关于资本监管和商业银行监管套利关系的文献比较稀少，因此本书利用商业银行监管套利的分析框架，进一步分析了资本监管与商业银行监管套利的关系，包括资本监管压力对商业银行监管套利的影响、资本监管漏洞对商业银行监管套利的影响和商业银行监管套利对资本监管有效性的影响，并构建了四阶段动态博弈模型进行相关的数理验证，这进一步拓展了资本监管的研究内容。

2）现实意义

本书的研究有助于理解资本监管趋严的合理性。本书从商业银行监管套利的动机、实现条件和后果三个方面进行分析，认为资本监管趋严只会影响商业银行逐利的动机，真正促使商业银行监管套利从动机变为现实的关键因素是资本监管漏洞。因此，资本监管趋严的目的是不断完善资本监管体系，减少商业银行利用资本监管漏洞进行监管套利。这一结论有助于我们理解资本监管趋严的合理性。

本书的研究有助于提高我国监管机构对商业银行监管套利的重视程度。本书通过梳理我国资本监管约束下的商业银行监管套利现状，发现我国商业银行为躲避资本充足率等监管要求，利用通道业务长期进行监管套利的事实，并通过实证分析发现我国商业银行监管套利降低了资本监管的有效性。这一结论有助于我们提高监管机构对商业银行监管套利的重视程度。

本书的研究有助于完善我国的资本监管改革。2023年10月，国家金融监督管理总局发布了《商业银行资本管理办法》，其涉及内容主要包括全面修订风险加权资产计量规则、对我国商业银行进行三档分类以及构建差异化的资本监管体系等。本书在探究资本监管与商业银行监管套利的关系时，在实证分析中对我国商业银行进行了类型划分，讨论了这种异质性所造成的差异化影响。这些研究内容与我国目前的资本监管改革息息相关，所得结论有助于完善我国的资本监管改革。

1.2　国内外文献综述

资本监管是现代银行实施全面风险管理的一种主要监管制度，其核心是对银行提出资本充足性的要求，这必然提高了银行的资本成本，缩小了银行的利润空间，影响了银行的资产组合和风险承担水平。更为严重的是，银行为了获取高额利润，会通过不断挖掘资本监管的漏洞来寻找监管套利的机会，在一定程度上破坏了资本监管的有效性。监管套利的出现使资本监管与商业银行的关系变得更为复杂，因此根据本书的研究对象，将从以下三个方面对国内外文献进行梳理：一是资本监管的相关研究；二是银行监管套利的相关研究；三是资本监管与银行监管套利关系的研究。

1.2.1　资本监管的相关研究

20世纪70年代开始，自由主义思潮进入金融领域，西方发达国家纷纷进行金融自由化改革。各国为大力发展本国经济，取消了诸多金融方面的管制，各国银行竞争也更加激烈，随之而来的是金融风险的不断扩大与蔓延。美国是较早开展资本监管的国家之一,鉴于金融风险的急剧扩大,美国联邦金融机构检查委员会于1979年对银行提出了统一的评级标准,即骆驼评级制度,包括资本充足性(capital adequacy)、资产质量(assets quality)、管理水平(management)、盈利情况(earnings)和流动性(liquidity),并对这五项指标进行了量化。由于当时的资本充足性监管只用于美国金融监管领域,并未上升到国际金融监管领域,因此美国银行业提出资本充足率监管会降低本国竞争力的诉求。在美国和英国等发达国家的主导下,巴塞尔银行监管委员会于1988提出《巴塞尔协议Ⅰ》,此时资本监管的影响力不断扩大到其他国家,最终在众多国家之间达成一致。关于资本监管的相关研究,主要集中在资本监管的有效性方面,包括资本监管对银行风险承担的影响、资本监管对银行盈利能力的影响和资本监管对宏观经济的影响。

1)资本监管对银行风险承担的影响

关于资本监管对银行风险承担的影响有很多研究,但一直没有形成统一的结论。第一种:资本监管在一定程度上提高了银行的风险承担水平。Kahane(1977)[4]认为资本监管会约束银行的投资组合边界,银行不得不改变自身的投资组合,更加偏好高风险、高收益的资产,从而提高了银行资产的违约率,提高了银行的风险承担水平。Koehn和Santomero(1980)[5]以及Kim和Santomero(1988)[6]利用均值方差法,研究在不完全市场条件下资本监管对银行的影响,认为银行作为资产组合的投资者,以追求高额预期利润为目标,当银行面临不具有风险性的资本监管时,会配置收益高但风险更高的资产,从而提高了银行的风险承担水平。Shrieves和Dahl(1992)[7]以1983—1987年1 800家美国银行为研究对象,通过联立方程组的模型,发现增加资本会提高银行的风险承担水平。Blum(1999)[8]通过建立资本监管与银行风险承担的动态两阶段模型，发现在第二阶段实施最低资本要求对银行的期望利润有负面影响，因此银行为弥补损失的期望利润会在第一阶段进行高风险、高收益的资产配置。Repullo（2004）[9]和Martynova等（2014）[10]认为严格的资本监管促使银行增加资本，从而削弱了银行的特许权价值，由于银行的预期回报减少，因此银行会开展风险更大且利润更高的业务。钟永红和张卫国（2018）[11]以2007—2015年中国40家资本充足率达标的商业银行为样本，通过实证研究发现商业银行为了维持利润来源，应对资本监管压力的主要方式是增加资本，并非降低加权风险资产比例，因此资产风险并未减少。刘生福和韩雍（2020）[12]认为严格的资本监管会诱发商业银行监管套利，促使银行在表内业务与表外业务之间相互转换，而资本监管只是约束了银行表内业务的风险承担水平，但银行的资产组合风险则会不断增加。左晓慧和杨成志（2022）[13]以2009—2020年中国36家上市银行为研究对象，研究发现资本监管促使影子银行业务规模扩张，进而提高了银行的风险承担水平。邓凯骅和李梦祎（2022）[14]以2013—2019年中国131家商业银行为研究对象，研究发现多数银行风险加权资产规模的增长速度依然很快，为了达到资本充足率监管的要求，银行会提高资本增长速度，从而加大了银行间的风险集中度。

第二种：资本监管在一定程度上降低了银行的风险承担水平。Keeley和Furlong（1990）[15]对利用均值方差法研究资本监管的约束效应进行了反驳，认为收益并不是线性变化的，且收益的方差也无法作为衡量风险的标准，因此引入了带有存款保险制度的期权模型，并认为对银行来说存款保险制度是一种看跌期权，增加资本可迫使银行利用资本承担损失，由此资本监管可以降低银行的风险承担水平。Jacques和Nigro（1997）[16]基于Shrieves和Dahl（1992）[7]的模型，利用三阶段最小二乘法对 1990—1991 年的美国银行进行实证分析，发现资本监管可以有效降低银行的风险承担水平。Estrella 等（2000）[17] 选取 1988—1992 年的美国银行破产数据，检验资本充足水平与破产之间的关系，发现杠杆率和资本与收入之比可以很好地衡量银行资本充足水平，最终发现最低资本要求可以降低银行的破产概率。吴栋和周建平（2006）[18] 基于 Shrieves 和 Dahl（1992）[7] 的模型，选取 1998—2004 年中国商业银行的面板数据，实证分析了最低资本要求对中国商业银行资本调整和风险承担的影响，发现最低资本要求降低了中国商业银行的风险承担水平。宋琴和郑振龙（2011）[19] 以 2004—2008 年中国 29 家商业银行为研究样本，利用资本资产定价模型分析了资本监管与商业银行的风险厌恶程度，发现杠杆率监管降低了商业银行破产的风险。袁鲲和饶素凡（2014）[20] 以 2003—2012 年中国 15 家上市银行为研究对象，实证考察了杠杆率约束对银行风险承担的影响，发现杠杆率监管可以降低商业银行的风险承担水平。Ashraf 等（2020）[21] 以全球 111 个国家的银行数据为样本，发现资本监管降低了银行的风险承担水平。胡援成和王星宇（2021）[22] 以 2007—2019 年中国 475 家商业银行为研究对象，通过实证研究发现资本监管会降低银行的风险承担水平，危机时期资本监管对银行风险承担的缓释作用大于正常时期。

第三种：资本监管与银行风险承担之间呈现非线性关系。多数文献假定银行业只存在一个代表性银行，即所有银行都会作出同样的决策，但这显然与实际情况不符。银行的类型会因资本充足性水平、风险管理水平和决策方式等因素的不同而不同，所以不同类型的银行对资本监管的反应也不相同，在完全忽略这种差异的情况下，文献中所得到的研究结果并不具有普适性。Calem 和 Rob（1999）[23] 以 1984—1993 年美国银行数据为研究对象，构建了无限期动态模型，并假定银行既可以选择无风险资产，也可以选择风险资产，最终发现资本监管与银行风险承担之间呈现"U型"关系，即当银行处于资本不充足阶段时，加强资本监管会降低银行的风险承担水平，但随着资本增加达到一个临界值后，资本监管会提高银行的风险承担水平。这个结论从另一个角度说明，对资本不充足的中小型银行来说，资本监管可以降低银行的风险承担水平，但对资本充足的大型银行来说，资本监管会适得其反。Hovakimian 和 Kane（2000）[24] 采用 1985—1994 年的美国银行数据，研究最低资本要求对银行风险承担的影响，结果发现最低资本要求对资本不充足的银行具有较强的约束作用，但对资本充足的银行的约束作用十分有限。Boot 和 Marinc（2006）[25] 认为资本监管的趋严增加了银行的合规成本，这一点在中小型银行中表现得更为明显，假设资本充足的大型银行对技术投入较高且对资产项目的管理能力较强，而资本不充足的中小型银行对技术投入较低且对资产项目的管理能力较弱，从短期来看资本监管的趋严会增强大型银行的实力，但会削弱中小型银行的实力，因此资本越充足，银行应对风险的能力越强。Dias（2020）[26] 通过研究资本监管与银行风险承担的关系，发现二者之间呈现"倒U型"关系，即随着资本充足率的提高，银行的风险承担水平呈现出先降低后上升的趋势。

2）资本监管对银行盈利能力的影响

资本监管对银行盈利能力影响的研究受到风险因素的影响，依然没有形成统一观点。一些学者认为资本监管提高了银行的盈利能力，Repullo（2004）[9] 认为资本充足率监管可以有效降低银行的风险承担水平，由于银行减少了高风险投资，避免了损失，最终提高了银行的盈利水平。宋琴和郑振龙（2011）[19] 以中国 29 家商业银行为研究样本，利用资本资产定价模型分析了资本监管与商业银行风险厌恶程度的关系，发现杠杆率监管与商业银行风险厌恶程度呈现正比关系，即杠杆率监管增加了商业银行风险厌恶程度，从而降低了商业银行破产的风险，提高了商业银行的盈利能力。冯乾等（2015）[27]采用2008—2013年中国15家上市银行的数据，实证分析发现资本充足率变动对银行绩效有非常显著的正向关系。Witowschi等（2015）[28]和Bitar等（2016）[29]分别以欧洲银行和中东、北非地区的银行为研究对象，实证分析发现资本监管与盈利能力呈现正向关系。

但有些学者提出反对意见，认为资本监管可能会增加银行的成本或者降低银行的资产收益率，最终导致银行盈利能力降低。Lepetit等（2008）[30]以欧洲银行为研究对象，发现杠杆率监管在短期内会影响银行的盈利能力。Lee和Hsieh（2013）[31]以亚洲银行为研究对象，发现资本充足率监管降低了银行资产收益率。王胜邦（2018）[32]认为在资本充足率和杠杆率的双重监管下，不仅缩减了银行对高风险资产的配置，还提高了银行的合规成本，最终导致银行的盈利能力下降。Bitar等（2018）[33]选取经济合作与发展组织（OECD）成员中的近2 000家银行为研究对象，研究发现资本监管会降低银行的盈利能力。王祺等（2021）[34]以2009—2018年中国122家商业银行为研究对象，研究发现资本充足率监管与银行的盈利能力呈现负向关系。梁伟森等（2022）[35]以2014—2019年中国94家农村中小型银行为研究样本，研究发现当资本充足率较高时，资本储备的利润侵蚀效应大于利润创造效应，最终会降低银行的盈利能力。宁薛平和袁国方（2022）[36]以2009—2021年中国36家商业银行为样本，发现在资本充足率与杠杆率的双重约束下，二者的搭配使用对商业银行的经营绩效产生了抑制作用。

还有一些学者认为资本监管与银行的盈利能力存在非线性关系。郭丽丽等（2014）[37]通过理论分析和实证分析，发现资本监管在降低银行的利润创造能力的同时，可以优化资产组合，以提高银行的盈利能力，因此资本监管与银行盈利能力的关系取决于利润创造效应与利润侵蚀效应之间的净效应。王耀青和于研（2014）[38] 从资本监管的时效性来分析，发现资本充足率监管和杠杆率监管在短期会影响银行的盈利能力，但从长期来看，资本监管有利于提高银行的风险管理水平，最终提高银行的盈利水平。Tran 等（2016）[39] 和傅强等（2016）[40] 分别以美国银行和中国银行为研究对象，发现资本监管与银行的盈利能力之间呈现非线性关系。

3）资本监管对宏观经济的影响

由于信贷资产在风险权重中占比较大，为了满足资本监管要求，银行在权衡利弊后会选择降低对信贷资产的持有，从而限制了银行的放贷能力，这必然对经济增长产生不利影响（Blum and Hellwig，1995；Freixas and Rochet，2008）[41] [42]。Park（1999）[43] 认为银行满足最低资本监管要求的办法包括补充资本金或减少持有风险加权系数较高的资产。由于资本补充在短期较难实现，而贷款的风险加权系数较高，因此减少贷款规模成为银行满足资本监管要求的首选。另外，他还对美国银行进行实证分析，发现美国银行通过减少信贷资产的持有量，来满足最低资本充足率的要求。刘斌（2005）[44] 通过实证分析，发现资本监管对中国商业银行具有信贷紧缩效应，尤其对于资本不充足的商业银行，信贷紧缩效应更为明显。Kopecky 和 VanHoose（2006）[45] 认为银行和借款人之间存在信息不对称，银行面临道德风险，在资本监管压力下，银行为减少借款人的冒险行为，监督成本会更大，这进一步提高了银行的贷款利率，减少了借款人的贷款需求，从而降低了贷款规模。戴金平等（2008）[46] 以 Kopecky 和 VanHoose（2006）[45] 的理论模型为基础，加入了监管机构惩罚函数，分析发现以资本充足率为中心的资本监管影响了银行的信贷行为。Aiyar 等（2014）[47] 以英国银行为研究对象，通过实证分析发现资本金的提高会降低贷款规模。吴东霖和赵玮（2020）[48]认为在企业违约率提高时，资本充足率会影响银行的信贷规模和拆借利率，进而影响市场的资金投放量，最终影响宏观经济。

但也有学者认为资本监管不会影响银行的信贷业务。Shaw 等（2013）[49]通过建立动态均衡模型分析资本监管对银行信贷的影响，认为当银行通过增加资本来达到最低资本监管要求时，并不会影响贷款规模。Bridges 等（2014）[50]以英国银行为研究对象，发现资本监管与信贷需求并无多大关系，认为即便资本不充足的银行也有动机通过扩大信贷规模追求利润。Cohen 和 Scatigna（2016）[51]以发达国家和新兴国家的银行为研究对象，发现这些银行主要以留存收益的方式提高资本充足率，对这些盈利能力较强的银行来说，信贷规模增长也较快。

1.2.2　银行监管套利的相关研究

"套利"在金融工程学科中使用颇多，尤其在衍生品市场，当标的资产现货价格与衍生品价格不一致，即二者之间存在不合理的相对关系时，套利者可以同时进入现货市场和衍生品市场从事套利活动，以获得无风险或低风险的套利收益，套利者的套利行为最终使标的资产的现货价格和衍生品价格趋于合理，套利空间不再存在。银行监管套利是指银行利用监管制度的不一致所从事的套利活动，但由于制度无法做到朝令夕改，自然无法像资产价格一样随时变动以减少套利空间，致使监管制度的完善总是滞后于银行监管套利，银行监管套利最终破坏了诸如资本充足率这类审慎资本监管工具的有效性，对金融系统造成了极大的危害。关于银行监管套利的研究，主要围绕监管套利概念、监管套利动机、银行监管套利后果以及如何防范银行监管套利等方面展开。

1）关于监管套利概念的研究

目前关于监管套利的概念并没有形成统一的定义，不同的学者从不同的角度定义监管套利。Licht（1998）[52]认为不同主体所规定的制度具有差异性，因此监管套利是交易主体将注册地从监管较严的市场转移到监管较松的市场，从而规避监管并获取超额收益。Houston等（2012）[53]在研究银行海外活动的监管套利时，认为银行为了规避监管和实现更多的收益，会利用国家之间的监管差异，将资金从监管完善的国家转移到监管薄弱的国家。Johnson（2013）[54]认为监管套利是指经营者可以将商业业务转移到不受监管或监管程度较弱的管辖区进行交易。Buchak等（2020）[55]认为传统银行面临更多的监管约束，而影子银行处于这些监管之外，因此利用影子银行的优势规避监管而获取额外利润的行为被称为监管套利。

一些学者从金融集团的角度探究监管套利。项卫星和李宏瑾（2004）[56]认为在机构型监管模式下，金融集团的监管套利是指金融集团可以利用分散的业务优势进行监管套利，因为不同的业务受到不同的监管，所以金融集团可以将某些业务安排到监管较少的子公司，进而获取额外收益。

有些学者对监管套利的目的进行了研究。Gastion和Walhof（2007）[57]认为监管套利属于金融机构经营行为的一种，是金融机构为降低净监管负担而组织的金融交易行为。曾刚（2013）[3]认为不管什么形式的监管套利，都是为了降低净监管负担，金融机构为达到此目的则从不同的监管制度中选择更合适的交易策略。陈国绪（2016）[58]认为实现一个经济目标可以采取多种交易策略，而不同的交易策略又有不同的监管制度，此时理性的市场主体就会选择净监管负担最小的交易策略，从而实现监管套利。林翰和陈伟雄（2018）[59]认为银行监管套利是银行利用现有监管制度的缺漏以及不同监管主体在政策导向、监管尺度和监管规制要求等方面存在的差异，通过特定交易安排规避经营业务受到更多的监管约束，进而获得不当收益。

除此之外，也有组织和国家从自身角度出发定义了监管套利。国际货币基金组织（IMF，2008）[60]对监管套利进行了一般性的定义，监管套利是指利用不同国家或不同金融部门之间的监管差异以及实际（经济）风险与监管风险之间的差异来降低监管资本要求。中国银行业监督管理委员会办公厅在2017年印发的《关于开展银行业"监管套利、空转套利、关联套利"专项治理工作的通知》中，认为监管套利是金融机构通过违反监管制度或监管指标要求来获取收益的套利行为，包括规避监管指标套利和规避监管政策违规套利。

综上所述，监管套利的前提是监管存在差异，这种差异可以是制度的有无，也可以是制度的强弱。但是，一些学者针对监管套利给出了更宽泛的定义，他们认为监管制度不仅存在差异，还存在不协调性，这种不协调性可以表现为制度之间的冲突。董红苗（2003）[61]和梁家全（2016）[62]认为金融制度套利就是金融企业利用金融制度之间的差异性或不协调性来改变这种制度的约束，从而减轻制度负担的行为。时辰宙（2009）[63]指出监管套利就是金融机构利用不同监管机构在监管规则和标准上的不同，甚至是冲突，选择监管环境最宽松的市场进行经营活动，从而达到降低监管成本和获取超额收益的目的。

从以上文献可知，我们可以从不同的角度定义监管套利，但其本质是一致的，主要体现在以下方面：第一，监管套利的前提是同一项经济活动可以通过几种经济策略来实现，但不同的经济策略受限于不同的监管制度，正因为不同的监管制度才存在监管套利；第二，监管套利的目的是降低监管成本、规避管制，从而获取超额收益。

2）关于监管套利动机的研究

一些学者从信息不对称的角度来说明金融机构监管套利的原因。陈业宏和黄辉（2013）[64]认为正是因为金融机构相对于监管机构而言更具有信息优势，所以金融机构可以选择有利于自己的监管制度，通过监管套利降低监管成本，从而获取收益。刘莉亚等（2019）[65]认为监管机构无法监测金融机构的所有行为，因此金融机构利用监管机构信息滞后的劣势进行监管套利。

一些学者从国际监管竞争的角度来解释金融机构监管套利的原因。Macey（2003）[66]认为在经济全球化的背景下，监管套利不可避免，企业会寻找监管薄弱的国家规避监管。Acharya 和 Richardson（2009）[67]认为在金融全球化的开放经济中，由于缺乏国际统一协调的金融监管体系，各国金融监管当局为了吸引金融资源而放宽金融管制，而金融机构则利用此机会选择净监管负担较小的国家进行业务往来，即监管竞次推动了金融机构监管套利的产生。张金城和李成（2011）[68]从金融监管国际失衡的角度分析，认为金融监管竞争导致各国不同程度的金融监管放宽，而金融机构会利用监管的差异进行监管套利。Fidrmuc 和 Hainz（2013）[69]认为对国际化银行的母国而言，其监管机构有动机保持薄弱的监管，以使母国的国际化银行在国际活动中获得竞争优势。

还有一些学者从法律经济学和新制度经济学的角度阐述了金融机构监管套利的深层原因。Fleischer（2010）[70]认为监管套利源于交易的经济实质与监管认定之间所存在的差异性，这种差异性又源自监管制度的不完全性，因为监管制度无法对交易的经济实质给出足够精确的界定。也就是说，如果监管制度对交易的认定可以完全覆盖经济实质，就不会存在不同监管制度之间的差异性。沈庆劼（2011）[71]从法理学角度探究监管套利，认为监管套利在法理学中属于"法律规避"，其法律特征在于形式合法而实质违法。在监管套利行为中，当事人以合法手段达到不受某一法律约束的目的。梁家全（2016）[72]认为市场主体可以完全复制受到监管约束的交易所产生的经济后果，但其现有的法定形式并不具有约束效果，最终监管套利得以实现。以上学者从契约的角度分析了金融机构监管套利的动因，由于监管制度属于不完全契约，因此监管套利的实质可表述为，监管制度的不完全性决定了监管制度无法完全反映经济实质，二者之间的间隙为金融机构提供了监管套利的空间。

3）关于银行监管套利后果的研究

一些研究发现，银行监管套利会提高个体银行的风险。Acharya和 Richardson（2009）[67]认为银行资产证券化的主要目的不是分散风险，而是绕过资本充足率监管进行套利，最终银行杠杆被过度放大，使风险急剧上升。Houston 等（2012）[53]认为银行可以利用同业存单进行利差套利、期现套利以及隐匿非标资产来调节监管指标，这些监管套利行为会使银行低估自身风险水平。于博和吴菌虹（2020）[73]考察了中国的同业市场，认为商业银行利用同业业务进行监管套利，增加了信贷风险。郁芸君等（2021）[2]通过建立商业银行与监管机构的博弈模型，将隐性不良贷款率作为隐性金融风险，认为银行监管套利会带来隐性金融风险，导致监管者无法准确评估实际风险的大小。

银行监管套利不仅会提高银行的个体风险，还会造成银行的系统性风险。Schwarcz（2012）[74]认为影子银行可以利用金融衍生品进行监管套利，而金融衍生品的不透明性和高关联性容易引发系统性风险。陈业宏和黄辉（2013）[64]从制度经济学角度进行分析，认为监管套利不仅会破坏监管体系，还会扩散全球金融风险。陈国进等（2021）[75]以同业市场为研究对象，通过建立银行与监管机构的博弈模型，发现银行监管套利提高了系统性风险，且弱化了资本监管对系统性风险的约束作用。蒋为等（2021）[76]利用2000—2016年128家中资银行的海外扩张数据进行实证分析，研究结果表明中资银行趋向于在监管水平更低的国家设立分支机构，最终导致了中资银行风险资产的增加。另外，他们通过检验银行总部与分支机构之间的监管套利机制，发现扩展边际主导下的银行国际化显著提升了其对风险资产的持有量。

4）关于防范银行监管套利的研究

一些学者提出通过增加国际合作来减少跨国监管套利的建议。张金城和李成（2011）[68]通过建立净监管负担—价定律模型和金融监管合作博弈模型，论证了国际合作的重要性，认为通过国际合作可以减少跨国监管套利的可能性。Temesvary（2018）[77]发现美国银行通过跨境业务进行监管套利，认为对跨境业务应实行强监管，并对其提出更高的资本充足要求，提高跨境业务的交易成本，从而避免美国银行寻求监管较弱的国家和地区进行监管套利。

还有一些学者提出通过提高影子银行信息透明度来降低银行监管套利。鲁篱和潘静（2014）[78]认为影子银行缺少传统银行的监管力度，因此影子银行成为了监管套利的工具，监管机构需要提高影子银行的信息透明度。Ferri和Pesic（2017）[79]研究了欧洲银行通过风险加权资产进行监管套利的程度，认为采用内部评级法的银行应受到更多的监管，防止其通过操纵风险权重来减少风险加权资产，从而实现监管套利。李鹏（2017）[80]认为影子银行监管套利的主要途径包括纵向交叉套利和横向资本套利，建议加强微观审慎监管，并引入功能监管和"预先承诺制"。瞿凌云等（2019）[81]通过建立包含影子银行的动态随机一般均衡模型，发现在影子银行存在的前提下，如果仅对传统银行实施宏观审慎监管，传统银行则会通过同业通道转移资产，以规避资本要求的限制，从而使监管效果受到制约。只有将影子银行的监管纳入宏观审慎监管中，才能有效提高监管的效果。刘莉亚等（2019）[65]通过建立中国商业银行理财产品的供需模型，发现监管套利是商业银行大力发展表外理财业务的原因之一，并认为提高理财产品的透明度可以降低商业银行监管套利的发生。侯成琪和黄彤彤（2020）[82]通过建立包含影子银行的动态随机一般均衡模型，引入银行受监管、影子银行不受监管的非对称监管政策，发现银行有动机向影子银行转移资金，以规避监管，这一监管套利行为弱化了监管措施的有效性，建议宏观审慎政策的监管对象应同时包括银行和影子银行。

除此之外，沈庆劼（2010）[83]认为监管制度属于不完全契约，即根据不完全契约理论，通过重新配置剩余控制权来防止银行监管套利。例如，通过个性化规制手段推动契约完全化，或采用一般性否定规则将部分剩余控制权配置给监管机构。马轶群和崔伦刚（2016）[84]通过建立净监管负担一价定律模型，探讨了国家审计部门参与防范金融机构监管套利的必要性，国家审计部门可以通过再监管减少金融机构监管套利的机会。陈国进（2021）[75]认为监管机构需要推出创新型监管工具来应对金融机构的创新。

1.2.3 资本监管与银行监管套利关系的研究

资本监管是现代银行业进行全面风险管理的重要制度，资本监管制度的不断演进表明了监管机构缩小银行监管套利空间的决心。资本监管与银行监管套利的关系体现在以下三个方面：一是资本监管的差异性为银行监管套利创造了空间；二是资本监管的不协调性为银行监管套利创造了空间；三是银行监管套利降低了资本监管的有效性。

1）资本监管的差异性对银行监管套利影响的研究

资本监管的差异性是指资本监管制度的有无或者强弱，银行可以将业务转移到不受监管制度约束的地方，或将业务转移到监管约束力较弱的地方，这为银行监管套利提供了机会，进而逐渐演变成脱离监管的影子银行。2008 年金融危机以后，学术界普遍认为影子银行产生的重要原因是监管套利（Pozsar and Singh，2011；Schwarcz，2012）[85][74]。影子银行在发展过程中追求短期收益和绝对利润，并逐步演变成"为套利而套利"的存在（中国银保监会政策研究局课题组和中国银保监会统计信息与风险监测部课题组，2020）[86]。

很多学者发现资本监管的出现及趋严的态势能够促使银行监管套利的可能性增加，导致规避监管的影子银行的规模逐渐扩大。Maddaloni 和 Hainz（2011）[87]认为银行发展影子银行业务的主要目的是规避资本充足性的监管要求。钟伟等（2011）[88]认为银行为了规避更加严格的监管要求，会通过监管套利发展影子银行业务。Milcheva（2013）[89]认为随着资本监管的趋严，传统银行将资产从资产负债表转移到监管宽松的影子银行，利用资产证券化实现监管套利。Plantin（2014）[90]构建了一个包括家庭、企业、银行的宏观经济数理模型，发现传统银行会通过影子银行体系绕过资本监管进行监管套利。Demyanyk 和 Loutskina（2016）[91]指出银行的资本监管比较严格，而银行控股公司（BHCs）所属的抵押贷款的子公司并不在监管范围内，这一差异导致了监管套利。李鹏（2017）[80]认为中国商业银行为了规避资本充足性等监管要求，通过横向交叉套利和纵向资本套利来促使影子银行过度膨胀。Temesvary（2018）[77]在研究2003—2013年美国银行的跨境业务时，发现资本较少的银行规避资本监管的动机更为强烈，这些银行拥有更广泛的外国子公司网络和更低的外国所有权份额，通过战略性地重新安排其全球业务，来寻求更弱的监管权限和更高的盈利能力。马亚明等（2018）[92]认为实体经济有很高的融资需求，但受到了银行信贷业务的限制，在这一冲突背景下，影子银行业务逐步发展起来。陈和和陈增欢（2020）[93]通过实证研究发现，当样本银行的核心资本充足率偏低时，银行会通过票据买入返售业务来规避监管，同时收回之前拆借给同业的款项以使资金回流。Cao等（2021）[94]利用2016—2018年中国银行绿色债券的发行数据，实证检验了中国商业银行大量发行绿色债券的原因。由于中国商业银行很难从事涉及监管套利的表外影子活动，且多数银行难以满足金融债券发行的最低要求，因此利用绿色债券能够规避严格的监管，从而补充银行资本的流动性。Clark和Ebrahim（2022）[95]实证分析了美国大型银行运营风险敞口与资本水平的关系，发现运营风险并不受《巴塞尔协议》的约束，因此美国大型银行增加了运营风险敞口。

2）资本监管的不协调性对银行监管套利影响的研究

资本监管不协调性是指资本监管在规则或标准上存在缺陷或冲突，从而为银行监管套利创造了空间。Le和Avramova（2012）[96]以及Vallascas和Hagendoff（2013）[97]都认为资本监管中的IRB模型存在漏洞，并提供了银行利用IRB模型进行监管套利的证据。Mariathasan和Merrouche（2014）[98]实证考察了21个经合组织国家的115家银行的样本，发现当银行通过监管机构批准采用内部评级法后，其整体风险权重会下降，且在资本不足的银行中更为明显，多数集中于监管较弱的司法管辖区。Acharya和Steffen（2015）[99]在对希腊银行进行实证分析时，发现希腊银行使用标准化方法为其公共部门风险敞口分配了接近零的风险权重，这为银行"套利交易"提供了巨大的机会。Boyson等（2016）[100]通过对美国857家银行控股公司在1996—2012年所发行的信托优先证券（TruPS）的分析，发现受资本监管约束较多的银行会利用信托优先证券进行监管套利，而受资本监管约束较少的银行，即特许权价值比较大的银行，几乎不采用信托优先证券进行监管套利。Ferri 和 Pesic（2017）[79] 研究了欧洲银行通过风险加权资产（RWAs）进行监管套利的程度，发现采用内部评级法的银行更容易操纵风险权重来减少风险加权资产，从而降低监管要求，实现监管套利。Giovanni 和 Valerio（2017）[101] 研究了 2007—2013 年的 239 家欧洲银行，发现使用内部评级法的银行可以通过操纵风险权重来减少风险加权资产，以降低资本要求，从而实现监管套利的目的。Liu（2021）[102] 考察了 2012—2016 年加入欧洲银行管理局（EBA）的 50 家银行，探讨了欧元区危机背景下与内部评级模型相关的监管套利，发现欧元区核心国家的银行在使用内部评级法时会更加谨慎，监管套利的证据也较少，而外围国家的银行使用内部评价法更为频繁，监管套利更为严重，因此在欧洲主权债务危机时表现得更加脆弱。莫贤锐和骆祚炎（2021）[103] 认为短期理财产品是银行监管套利的重灾区，通过事件研究法将理财产品的累积异常收益率作为反映银行投资理财的监管套利程度，利用 TVP-VAR 模型发现银行在资本充足率和存贷比指标考核下存在监管套利。

3）银行监管套利对资本监管有效性影响的研究

张桥云等（2012）[104] 以资产证券化为研究视角，发现资本充足率等监管指标无法对银行的证券化资产进行有效监测。Karolyi 和 Taboada（2015）[105] 发现银行越来越倾向于在监管制度更加宽松的国家和地区进行扩张，虽然通过监管套利降低了监管成本，但所承担的风险也变得更高。梁家全（2016）[106] 认为监管套利给银行复杂的风险管理系统增加了很多变量，一旦风险管理失控，很大程度上会破坏金融体系的稳定性。除此之外，银行监管套利会误导监管机构判断银行的资本充足性与经营稳健性，致使资本监管的有效性大打折扣。卢海峰和刘子宪（2018）[107] 认为银行与监管机构之间存在套利博弈，运用 GVAR 模型研究了套利博弈下信用创造异化的货币政策效果，发现银行的监管套利直接作用于资产负债表，导致资产负债表激变，信用创造模式和规模发生了异化，削弱了货币政策及金融监管的效力，加大了金融系统的脆弱性。杨新兰（2018）[108]认为监管套利在促进金融创新的同时，扩大了系统性风险。瞿凌云等（2019）[81]通过对动态随机一般均衡模型的分析，发现仅针对传统银行部门实施宏观审慎监管，传统银行部门会通过同业通道转移资金和信贷资产，以规避资本监管要求的限制，因此监管机构需要将影子银行纳入宏观审慎监管中，以提高监管的有效性。侯成琪和黄彤彤（2020）[82]建立了一个包含商业银行和影子银行两类金融机构的动态随机一般均衡模型，发现商业银行有动机向影子银行转移资金以规避监管，这一监管套利行为弱化了针对商业银行监管措施的有效性。

1.2.4 小结

综上所述，关于资本监管的相关研究，多集中在资本监管的有效性方面，如资本监管对银行风险承担的影响、资本监管对银行盈利能力的影响和资本监管对宏观经济的影响，虽已拥有大量的研究成果，但尚未形成统一的结论；关于银行监管套利的研究，主要围绕监管套利概念、监管套利动机、银行监管套利后果以及如何防范银行监管套利等方面进行定性研究；关于资本监管与银行监管套利关系的研究，多集中在资本监管漏洞方面，如资本充足率监管中的内部评级法为银行监管套利提供了空间，但对二者关系更为全面分析的文献还比较少。通过对国内外文献的梳理，本书提出以下两点思考：第一，随着一系列《巴塞尔协议》的发布，资本监管逐步趋严，但银行监管套利从未停止，由此引发了2008年的金融危机。由此可知，银行监管套利在这场危机中扮演了"重要角色"，那么一直存在的资本监管究竟对银行监管套利产生了什么样的影响？第二，有众多研究成果是关于资本监管有效性的，如资本监管对银行风险承担的影响、资本监管对银行盈利能力的影响和资本监管对宏观经济的影响，但并未形成统一的结论，那么银行监管套利的存在是否影响了资本监管的有效性？针对以上问题，本书的研究重点是资本监管与商业银行监管套利的关系，具体内容为：第一，随着资本监管的趋严，尤其在资本充足率和杠杆率的双重监管下，资本监管压力对商业银行监管套利的影响；第二，资本监管的漏洞是如何为商业银行监管套利提供空间的；第三，探究商业银行监管套利对资本监管有效性的影响。

1.3　研究内容与方法

1.3.1　研究内容

第一，通过对资本监管和银行监管套利相关文献的梳理，分别对资本监管和商业银行监管套利进行了理论分析。对于资本监管的理论分析，从资本和资本监管的定义出发，对资本监管的动因和目标进行了总结，并分析了资本监管的有效性和资本监管的理论基础。对于商业银行监管套利的理论分析，从套利和监管套利的定义出发，从商业银行监管套利的动机、实现条件和后果三个方面对商业银行监管套利进行了分析，并对三者的关系进行了总结，提出了商业银行监管套利的理论基础。

第二，结合相关文献，利用商业银行监管套利的分析框架，分析了资本监管与商业银行监管套利的关系，包括资本监管压力对商业银行监管套利的影响、资本监管漏洞对商业银行监管套利的影响以及商业银行监管套利对资本监管有效性的影响，构建了包含商业银行、企业部门、监管机构和存款客户的四阶段动态博弈模型，并进行了相关的数理验证。

第三，通过对我国的资本监管和商业银行监管套利情况的梳理，分析了我国在不同资本监管条件下的商业银行监管套利现状，揭示了我国商业银行监管套利的表现与危害。另外，以我国89家商业银行为研究样本，利用动态面板模型实证分析了资本监管压力对商业银行监管套利的影响以及商业银行监管套利对资本监管有效性的影响，并利用交互项进行了异质效应分析和调节效应分析。

第四，通过对美国、英国和德国的金融监管发展历程、银行监管套利方式及相关金融改革措施的梳理，深入考察了国外银行在资本监管约束下监管套利的行为，并结合我国的资本监管制度和商业银行所存在的监管套利问题，提出了完善我国资本监管、减少商业银行监管套利的对策。

1.3.2　研究方法

1）文献梳理法

通过对现有文献的梳理，归纳出资本监管与商业银行监管套利的关系，即资本监管压力或资本监管漏洞对商业银行监管套利的影响以及商业银行监管套利对资本监管有效性的影响，为之后的研究奠定了基础。

2）历史分析法

通过梳理我国商业银行资本监管的发展历程，将我国商业银行资本监管制度分为四个阶段：探索时期（1994—2003年）、形成时期（2004—2007年）、强化时期（2008—2015年）和深化时期（2016年至今）。在此基础上，对我国商业银行监管套利的现状进行分析，认为我国商业银行监管套利模式主要是通过与信托公司、证券公司、基金公司、保险公司、其他金融机构等合作，开展通道业务进行监管套利。

3）实证分析法

以我国89家商业银行作为研究对象，从商业银行的通道业务入手，利用2008—2021年的相关银行数据建立动态面板模型，探究资本监管压力对银行通道业务规模的影响以及银行通道业务规模对资本监管有效性的影响，并利用交互项进行了异质效应分析和调节效应分析。

4）比较分析法

通过对美国、英国和德国在资本监管约束下银行监管套利的实际状况和治理情况的考察，为完善我国资本监管、减少商业银行监管套利提供了重要的启示。

1.4　研究创新

本书创新之处主要包括：

（1）本书突破以往商业银行监管套利的单一分析视角，对商业银行监管套利的动机、实现条件和后果进行分析，并将资本监管与商业银行监管套利关系的研究置于该分析框架之下，发现从商业银行监管套利的动机出发，资本充足率监管和杠杆率监管均会增加银行的净监管负担，这种监管压力影响了商业银行监管套利的动机；从商业银行监管套利的实现条件出发，自《巴塞尔协议》发布以来，以资本充足率为核心的资本监管就饱受诟病，尤其在资本充足率的确定方面，其所存在的漏洞为商业银行监管套利提供了空间；从商业银行监管套利的后果出发，商业银行监管套利促使银行在经历了风险的形成、转移和扩大三个阶段后，逐步削弱了资本监管的有效性。

（2）本书通过对我国的资本监管和商业银行监管套利情况的梳

理，发现我国商业银行为了躲避资本充足率等监管要求，利用通道业务长期进行监管套利的事实，并以2008—2021年中国89家商业银行为研究对象，构建了资本监管压力指标、银行通道业务规模指标和资本监管有效性指数，实证分析发现资本充足率和杠杆率的预警监管压力对我国商业银行监管套利产生了不同的影响，且我国商业银行监管套利降低了资本监管的有效性。

（3）本书通过对美国、英国和德国的金融监管发展历程、银行监管套利方式以及相关金融改革措施的梳理，总结出提高资本质量、建立超级监管机构以及恢复央行监管权力的重要启示。该启示对我国完善资本监管、减少商业银行监管套利具有重要的借鉴意义。鉴于此，本书提出了进一步优化资本监管体系、转变金融监管理念以及完善金融监管体系的对策，以防止我国商业银行利用资本监管漏洞、监管理念短板和金融监管空白进行监管套利。

1.5 本书基本结构

本书基本结构如下：

第1章绪论。本章包括本书的选题背景及意义、国内外文献的研究现状、本书的研究内容与方法、本书的主要创新点和基本结构等内容。

第2章资本监管的理论分析。本章首先界定了资本与资本监管的含义；其次，对资本监管的动因和目标进行了分析；再次，探讨了资本监管的有效性，包括资本监管有效性的衡量和资本监管的有效性分析；最后，对资本监管的理论基础进行了总结，包括银行资本结构理论、银行资本管理理论以及资本充足率监管和杠杆率监管。

第3章商业银行监管套利的理论分析。本章首先界定了套利和监管套利的含义；其次，从商业银行监管套利的动机、实现条件和后果三个方面对商业银行监管套利进行了分析和总结；最后，分析了商业银行监管套利的理论基础，包括一价定律、监管辩证理论和不完全契约理论。

第4章资本监管与商业银行监管套利关系的研究。本章首先利用商业银行监管套利的分析框架，从商业银行监管套利的动机、实现条件和后果三个方面探究了资本监管与商业银行监管套利的关系，包括资本监管压力对商业银行监管套利的影响、资本监管漏洞对商业银行监管套利的影响以及商业银行监管套利对资本监管有效性的影响；其次，利用四阶段动态博弈模型进行了相关的数理验证。

第5章我国资本监管约束下的商业银行监管套利事实描述。本章对我国的资本监管和商业银行监管套利情况进行了梳理，将我国资本监管制度分为探索时期、形成时期、强化时期和深化时期四个阶段进行阐述，在此基础上归纳了各个资本监管时期商业银行监管套利的现状，并对此进行了评价。

第6章资本监管与我国商业银行监管套利的实证分析。本章以2008—2021年中国89家商业银行为研究对象，通过构建资本监管压力指标、银行通道业务规模指标和资本监管有效性指数，利用动态面板模型实证分析了资本监管压力对银行通道业务规模的影响以及银行通道业务规模对资本监管有效性指数的影响，并进行了稳健性分析、异质效应分析和调节效应分析。

第7章国外完善资本监管、减少银行监管套利的实践与启示。本章分别对美国、英国和德国的金融监管发展历程、银行监管套利方式及相关金融改革措施进行了梳理，总结出了美国、英国、德国的金融监管机构完善资本监管、减少银行监管套利的措施。

第8章完善我国资本监管、减少商业银行监管套利的对策。本章根据国外银行的启示，以及我国商业银行的实际情况，提出了完善我国资本监管、减少商业银行监管套利的对策。

第9章总结与展望。本章对各个章节的主要内容进行了总结，并提出了核心观点。除此之外，对未来的研究方向提出新的期望。

2

资本监管的理论分析

本章主要对资本监管进行理论分析，首先界定了资本与资本监管的含义；其次，对资本监管的动因和目标进行了分析；再次，探讨了资本监管的有效性，包括资本监管有效性的衡量和资本监管的有效性分析；最后，对资本监管的理论基础进行了总结，包括银行资本结构理论、银行资本管理理论以及资本充足率监管和杠杆率监管。

2.1 资本监管的含义

2.1.1 资本

根据《巴塞尔协议》，资本是指银行从事经营活动所注入的货币资金，主要包括股东的自有资本和债务资本等。股东的自有资本主要是由优先股、普通股、资本公积、盈余公积和未分配利润组成的。其中，优先股对银行的利润分配享有优先权，但不享有投票权；普通股享有投票权，但对于银行的利润分配不享有优先权；资本公积主要是指因股本溢价、接受捐赠等原因形成的公积金；盈余公积是指银行按照规定从净利润中提取的公积金；未分配利润是指未分配给股东的利润剩余部分。债务资本主要是由短期资本票据、长期资本债券和混合资本工具组成的，用于弥补银行资本的不足。其中，短期资本票据是银行发行的短期债务凭证；长期资本债券是指银行为筹集长期资金而发行的债券；混合资本工具是指银行发行的、既有股本性质又有债券性质的资本工具，包括可转换债券、长期优先股和累计永久性优先股等。

银行资本的作用主要包括：第一，银行像一家企业一样，需要初始资本开展银行业务；第二，吸收银行经营过程中的损失，如银行实际损失超过了贷款损失准备金，银行可利用资本弥补这些超额损失；

第三，保护金融消费者，特别是对存款人提供一定的保护；第四，增强公众信心，由于银行是经营高风险的行业，银行的道德风险促使公众并不信任银行，则充足的资本可以向公众释放一种对银行利好的积极信号，防止银行因挤兑而倒闭。

2.1.2　资本监管

20世纪70年代以来，发达国家之间业务往来频繁，当时布雷顿森林体系的瓦解导致外汇市场的波动巨大，前联邦德国赫斯塔特银行和美国富兰克林国民银行先后倒闭，所产生的一系列跨国监管问题亟待解决。在美国和英国等发达国家的主导下，各国监管机构纷纷参与国际金融监管合作之中。1974年2月，由美国、英国、德国、法国、日本、意大利、瑞典、荷兰、加拿大、比利时组成的十国集团（G10）及瑞士、卢森堡的中央银行代表，成立了巴塞尔银行监管委员会（Basel Committee on Banking Supervision，BCBS），自此巴塞尔银行监管委员会开始对银行资本制定一系列监管标准。目前，针对资本监管的定义，主要依据《巴塞尔协议》，即一国金融监管机构根据《巴塞尔协议》所规定的资本监管标准，结合本国的实际情况，对本国银行资本实施监管的详细措施。

巴塞尔银行监管委员会于1988年发布《关于统一国际银行资本衡量和资本标准的协议》，即《巴塞尔协议 I》，旨在提高银行的稳定性，消除国际银行之间的不公平竞争，该协议确立了以资本充足率为核心内容的资本监管标准。表2-1列示了《巴塞尔协议 I》关于资本监管要求的相关内容。

虽然《巴塞尔协议 I》中的资本监管要求提升了银行进行风险管理的意识，但仍存在不足，主要表现在：一是该协议重点强调信用风险，针对其他类别的风险缺少监管标准以及实施监管的不可操作性。

表 2-1　　　《巴塞尔协议 I》关于资本监管要求的相关内容

项目	内容	监管要求
一级资本（核心资本）	实收资本（普通股、非累积优先股）、公开储备（资本公积、盈余公积、未分配利润）以及不完全拥有子公司的少数股东权益等	一级资本占总资本的比重不低于50%；一级资本占风险加权资产的比重不低于4%
二级资本（附属资本）	非公开储备、重估储备、一般准备金、次级长期债务和债务-股本混合工具等	二级资本不超过一级资本的100%；一级资本与二级资本之和占风险加权资产的比重不低于8%
风险加权资产	信用风险加权资产	资产的风险权重：0%、10%、20%、50%和100%
表外业务	表外业务转换为表内业务	信用风险转换系数：0%、20%、50%和100%

资料来源：巴塞尔银行监管委员会。

正如1996年的东南亚金融危机，表明金融风险不仅仅是信用风险，因此巴塞尔银行监管委员会于1996年发布了《资本协议关于市场风险资本的补充规定》，将市场风险纳入到风险加权资产之中，并提出针对市场风险的资本要求；二是无法有效约束银行监管套利，金融发展史表明虽然西方很多银行提高了资本充足率，但这种利用资产证券化提高资本充足率的方法并没有将真实风险反映出来。为改善《巴塞尔协议 I》的不足之处，巴塞尔银行监管委员会于2004年发布了《统一资本计量与资本标准的国际协议：修订框架》，即《巴塞尔协议 II》，旨在构建一个更加完整的资本监管框架，它由三大支柱组成：一是最低资本要求；二是监管当局监督检查；三是市场纪律。表2-2列示了《巴塞尔协议 II》关于资本监管要求的相关内容。

表 2-2　　　　《巴塞尔协议Ⅱ》关于资本监管要求的相关内容

组成	项目	内容	监管要求
第一支柱	一级资本（核心资本）	实收资本（普通股、非累积优先股）、公开储备（资本公积、盈余公积、未分配利润）以及不完全拥有子公司的少数股东权益等	一级资本占风险加权资产的比重不低于4%
	二级资本（附属资本）	非公开储备、重估储备、一般准备金、次级长期债务和债务–股本混合工具等	二级资本不超过一级资本的100%；一级资本与二级资本之和占风险加权资产的比重不低于8%
	三级资本	期限不短于2年的短期次级债务	专门抵御市场风险；二级资本和三级资本之和不超过一级资本
	风险加权资产	信用风险加权资产+市场风险资本要求*12.5+操作风险资本要求*12.5	信用风险资产的风险权重：0%、20%、50%、100%和150%；信用风险加权资产：标准法和内部评级法；市场风险加权资产：标准法和内部模型法；操作风险加权资产：基本指标法、标准法和高级计量法
第二支柱	监管当局监督检查	确保银行建立内部资本充足评估程序，尤其是针对还没有成熟计量方法的风险	第二支柱是对第一支柱的补充

| 第三支柱 | 市场纪律 | 信息披露不仅要求商业银行披露资本和风险的情况，还要对一些定性的、定量的、核心的或附加的信息进行披露。除此之外，监管机构需要对商业银行的信息披露内容进行监管，对信息披露体系进行评估 | 第三支柱是推进第一支柱和第二支柱有效实施的重要保证，即通过推进信息披露来保证商业银行严格执行第一支柱和第二支柱 |

资料来源：巴塞尔银行监管委员会。

在《巴塞尔协议Ⅱ》的过渡期，美国次贷危机于 2007 年发生。巴塞尔银行监管委员会针对危机中出现的问题，并结合《巴塞尔协议Ⅱ》的相关内容，于 2010 年发布《更具稳健性的银行和银行体系的全球监管框架》和《流动性风险计量、标准和监管的国际框架》，二者统称为《巴塞尔协议Ⅲ》。表 2-3 列示了《巴塞尔协议Ⅲ》关于资本监管要求的相关内容。

随着《巴塞尔协议》的不断演进，资本监管标准也越来越严格，尤其强调普通股的地位，进一步强化了资本监管的作用，主要表现在：第一，为避免银行一级资本虚高，《巴塞尔协议Ⅲ》对核心一级资本中的普通股进行了严格的资本扣除，真正体现了银行一级资本的价值。回顾美国发生次贷危机时，美国银行的一级资本充足率表现良好，但实际情况是普通股还不到一级资本的 50%，且多数是创新型的资本工具或无形资产，所以在银行危机来临时，一级资本并没有真正发挥吸收损失的作用。第二，《巴塞尔协议Ⅲ》强化了普通股的地位，提高了银行资本吸收损失的能力。对于外源资本补充渠道，银行出于成本的考虑，发行普通股并不是首选，而是倾向于混合资本证券

表2-3　　　　《巴塞尔协议Ⅲ》关于资本监管要求的相关内容

项目	内容	监管要求
核心一级资本	普通股（含留存收益）等	普通股需要扣除少数股东权益、对金融机构的资本投资、商誉、其他无形资产、递延资产等八项；所有损失只能从核心一级资本中扣除；核心一级资本占风险加权资产的比重不低于4.5%
其他一级资本	银行发行且实缴的，受偿顺序列在存款人、一般债权人和银行的次级债务之后的，不得由发行人及其关联机构提供抵押或保证的资本工具等	一级资本主要用于在持续经营资本的条件下吸收损失；一级资本占风险加权资产的比重不低于6%
二级资本	银行发行且实缴的，受偿顺序列在存款人、一般债权人之后的，不得由发行人及其关联机构提供抵押或保证的资本工具等	二级资本主要用于在破产清算的条件下吸收损失；一级资本与二级资本之和占风险加权资产的比重不低于8%
留存资本缓冲	2.5%	要求在核心一级资本中满足
逆周期资本缓冲	0%～2.5%	要求在核心一级资本中满足

项目	内容	监管要求
全球系统重要性银行资本缓冲	1%~3.5%	要求在核心一级资本中满足
杠杆率	核心一级资本净额与表内外不加权总资产的比值	不得低于3%

资料来源：巴塞尔银行监管委员会。

或长期次级债务等，但这些资本补充工具无法真正吸收损失，只有普通股可以不受限制地吸收损失。第三，《巴塞尔协议Ⅲ》中的资本监管进一步优化了银行的盈利方式。资本监管的趋严提高了银行的资本充足水平和资本质量，迫使银行对加权资产规模进行控制，银行不得不放弃原先的"高杠杆、监管资本套利"的盈利方式，转变为"低杠杆、资本节约"的盈利方式。

2.2 资本监管的动因及目标

2.2.1 资本监管的动因

1）缓释有限责任制度和存款保险制度所产生的道德风险

在无限责任制度下，投资者要承担公司所有的债务风险，这必然限制了投资者的积极性。投资者为了避免承担这些风险，不得不参与公司管理，致使所有权和经营权无法分离，这不仅无法做到公司管理专业化，也无法对公司股份进行自由转让。而有限责任制度只要求投资者承担有限的风险，因此有限责任制度提高了投资者的积极性，从而扩大了公司规模，活跃了市场经济，是社会化发展必不可少的重要制度。但是，有限责任制度也存在弊端，虽然投资者承担有限责任，但享有全部剩余收益，因此投资者为追求高额利润，更加倾向于高风险投资。如果高风险投资成功，债权人可以获得固定收益，投资者可以获得所有的剩余收益；如果高风险投资失败，投资者只是损失了出资额，而大部分损失则由债权人承担。对于银行这种专门经营风险的高负债金融机构，追逐高额利润是其本性，而有限责任制度更加激励银行开展高风险业务，因此为缓释这种道德风险，对银行进行资本监管是必要的。

在存款保险制度推出以前，存款人作为银行的债权人，对银行可能出现的冒险行为会有两种反应：一是存款人会要求银行提高存款利率作为风险补偿；二是存款人为防止损失而取出存款。如果大量存款人作出第二种反应，则会引发银行的挤兑风险，轻则导致银行破产，重则导致金融系统的崩溃。因此，为了避免存款人挤兑行为的发生，存款保险制度在这一背景下应运而生。存款保险制度设计的初心是将原本由存款人承担的风险转嫁到存款保险的提供者身上，这样就消除了存款人损失本金的风险，那么银行挤兑风险也随之消失。虽然这对金融系统起到了稳定作用，但降低了针对银行的市场约束力，即存款人不再要求银行提高存款利率来弥补银行风险的增加，也不会因银行经营不善而挤提存款，由于银行不再被这种市场约束力所束缚，加之股权融资成本大于债权融资成本，因此银行会降低对资本的补充，反而利用各种办法吸引存款人增加存款，从而产生了道德风险。由此可见，为了解决银行的挤兑风险，所建立的存款保险制度是以失去针对银行的市场约束力作为代价的，因此需要引入资本监管来补充存款保险制度。

2）降低银行的脆弱性和风险传染性

银行自有资本很少，其资金主要来自公众存款，但银行只对自有资本承担有限责任，并经营和支配规模庞大的资产业务，这意味着银行的股东可以在承受较少风险的同时，获得远高于其资本的利益。由此可见，高负债、高杠杆、低资本的经营模式决定了银行拥有更强烈的风险激励，这一特殊的经营特性决定了银行的脆弱性。除此之外，在现代金融体系中，银行与其他金融机构的关系越来越紧密，它们之间主要是通过信用链条彼此联系，个体银行所引发的风险在复杂的网络关系中很容易蔓延到整个金融体系，一旦个体银行出现危机，金融系统就面临坍塌的危险。因此，对银行进行资本监管，提高银行的抗风险能力，可以进一步提高金融系统的稳定性。

3）解决金融监管有效性理论和金融监管无效性理论之间的矛盾

从金融监管的发展脉络来看，金融监管理论可分为金融监管有效性理论和金融监管无效性理论。金融监管有效性理论主要包括公共利益理论、债务通缩理论、金融不稳定假说和安全边界说等，这些理论认为市场是不完善的，存在市场"失灵"，因此金融监管对于市场发展是必不可少的。金融监管无效性理论主要包括集团利益理论、管制供求说、管制俘获说和管制寻租说等，这些理论认为金融监管是服务于监管机构的，并不是服务于公众利益的，因此金融监管对于市场发展并没有帮助，反而会产生不利影响。表2-4列示了金融监管有效性理论和金融监管无效性理论的相关内容。

金融监管有效性理论主要关注"市场失灵"的问题，更加注重银行的稳定性，而金融监管无效性理论主要关注"监管失灵"的问题，更加注重银行的效益（胡永强，2015）[109]。如果要注重稳定性目标，则需要对银行严格监管，并限制金融创新；如果要注重效益性目标，则需要对银行放松监管，并鼓励金融创新。因此，稳定性目标和效益性目标的同时实现似乎是一种矛盾。而资本监管的提出，并不是单纯地支持金融监管有效性理论或金融监管无效性理论，而是为了更好地

表2-4　金融监管有效性理论和金融监管无效性理论的相关内容

金融监管有效性理论	金融监管无效性理论
公共利益理论：该理论最初用来解释"大萧条"之后政府监管的合理性，但该理论同样适用于金融领域，银行作为金融系统特殊的中介，因其所具有垄断性、外部性和信息不对称性，需要监管机构进行金融监管	集团利益理论：该理论认为监管应由政府主导、组织和施行，监管目标主要是为政府的政治和经济利益服务，而其利益是否代表社会公众利益还有待考证
债务通缩理论：该理论早期的代表人物为欧文·费雪，认为金融的脆弱性与宏观经济的周期性紧密相关，尤其是过度负债所引发的"债务通缩"，因此金融的脆弱性源自经济基本面的恶化，比较注重经济周期性的变化对金融脆弱性的影响	管制供求说：该理论最早由Stigler（1971）[110]提出，认为利益集团属于管制的需求者，如在金融领域，关于业务活动的限制和市场准入的条件等；政府属于管制的供给者，政府管制会产生管制成本，而监管政策的最终落实依赖于管制需求者和供给者的互动，较少从公共利益的角度考虑，对公共利益理论提出质疑
金融不稳定假说：该理论由Minsky（1982）[112]提出，认为私人信用的扩张使金融体系极不稳定，从而导致经济体系的不稳定。从银行与信贷企业的关系出发，将融资主体分为对冲型融资主体、投机型融资主体和庞氏型融资主体。如果市场中有大量的投机型融资主体和庞氏型融资主体，就会爆发危机，企业因拖欠债务而倒闭，进而影响银行，银行的倒闭又会引发金融危机	管制俘获说：该理论由Peltzman（1976）[111]提出，认为监管机构与公共利益关系不大，并最终被利益集团所控制，监管机构会较多地维护利益集团的利益，而较少地维护公共利益。管制俘获说打破了公共利益理论中监管机构会无私为公共利益提供服务的假设

金融监管有效性理论	金融监管无效性理论
安全边界说：该理论由 Kregel (1997)[113] 提出，把安全边界视为银行的风险报酬，在经济扩张时，银行和借款人存在盲目的自信，致使安全边界不断降低，直至危机来临的时刻	管制寻租说：该理论认为正是由于寻租的存在，从而破坏了市场公平竞争的环境，金融监管中同样存在寻租现象，因此寻租同样影响金融监管的公平与效率

资料来源：根据相关文献整理所得。

解决"市场失灵"和"监管失灵"之间的矛盾，即解决稳定性目标和效益性目标之间的矛盾。资本监管在一定程度上将银行稳定与银行效率进行了有机结合，在对银行进行监管的同时，更大程度地保留了银行的创新性，将这种创新性置于金融监管的可控范围之内。

2.2.2 资本监管的目标

从国内外文献中可知，资本监管的目标可以从狭义和广义两个角度进行分析。从狭义的角度来看，资本监管的主要目标是降低银行风险发生的可能性。由于资本监管提升了银行的资本水平，一方面资本监管促使银行更加谨慎地对待风险投资，从而降低了银行风险发生的概率；另一方面，银行资本水平的提高在很大程度上提升了银行应对风险的能力，即提高了银行弥补损失的能力，从而防范了风险的过度积累和蔓延，维护了金融系统的稳定性，最终达到了资本监管的狭义目标。从广义的角度来看，资本监管的目标不仅降低了银行的风险承担水平，还促进了银行盈利能力的提高以及流动性的增强，进而对宏观经济产生积极的影响，这些构成了资本监管的广义目标。从广义角度分析资本监管的目标，可将资本监管的目标分为安全性目标、流动性目标、盈利性目标和宏观经济发展目标。安全性目标与资本监管的狭义目标一致，即降低银行风险发生的概率；流动性目标是指银行具有足够的资金应对日常经营，且在发生危机时有能力变现；盈利性目标是指资本监管的趋严降低了银行的风险承担水平，但并不意味着银行要以牺牲利润来实现安全性目标，盈利依然是银行持续经营的前提，也是银行扩大规模、发展业务的基础，同时要把银行风险控制在可控范围之内；宏观经济发展目标是指资本监管促进银行健康有序发展的终极目标是促进宏观经济发展，这样才能发挥银行作为中介的真正作用。这些细分目标之间具有一定的矛盾性，因此资本监管需要在一定程度上平衡这些细分目标的实现，从而达到整体效用最大化。

2.3　资本监管的有效性

巴塞尔银行监管委员会于 1997 年发布了《有效银行监管的核心原则》，首次正式提出对银行业监管体系的有效性评估原则，并于2006 年进行了修改。《有效银行监管的核心原则》对有效银行监管提出了 25 条基本原则，并设定了银行监管的目标，即"保持金融系统的稳定性和信心，从而降低存款人和金融体系的风险，银行监管应当努力建设一个有效的且充满竞争性的银行体系"。《有效银行监管的核心原则》认为有效银行监管的先决条件之一就是监管机构要有明确的责任和目标，而资本监管作为监管机构对银行实施监管的核心内容，其有效性的体现也是完成资本监管的目标。本章节关于资本监管有效性的讨论，主要围绕资本监管有效性的衡量和资本监管的有效性分析进行。

2.3.1　资本监管有效性的衡量

根据国内外相关文献，资本监管有效性的衡量主要采用两种方法，即成本-收益方法和目标完成程度分析方法。

1）成本-收益方法

监管机构利用成本-收益方法对资本监管的有效性进行衡量，说明监管机构更加注重监管效率。监管机构对银行等金融机构进行监管时，存在监管收益和监管成本。如果监管收益大于监管成本，则在一定程度上说明监管是有效的；如果监管成本大于监管收益，就不得不考虑监管有效性的问题。

监管收益是指因监管机构的监管所获得的收益，包括资本监管可能会改善市场的不良竞争环境，建立良好的交易机制，在一定程度上提高了市场效率，且增加了社会福利；资本监管可能会降低银行个体风险和系统性风险的发生，从而提高金融系统的稳定性；金融系统稳定性的提高可能会为银行提供更好的运营环境，从而提高银行的业务收入。这里的监管收益属于预期收益，从理论上来说是存在的，但需要知道在没有监管下的损失及相关概率，而在实际中准确计算这些损失是不现实的，因此对监管收益的计量是很困难的。

监管成本主要有直接成本和间接成本两类。直接成本包括行政成本和执行成本。从监管机构的角度来说，行政成本是指监管机构进行监管时所花费的人力、物力和财力等；从被监管机构的角度来说，执行成本是指被监管机构因某些监管措施而产生的成本，如银行需要向中央银行缴纳存款保证金或者向保险公司缴纳存款保险金等。间接成本是指因监管机构的监管行为改变了市场的运行机制，从而导致原有福利的损失，主要包括道德风险的产生，如由于存款保险制度的存在，银行需要向保险公司缴纳存款保险金，存款人有可能会忽略存款风险，一些具有较高风险偏好的银行为获得高额利润会从事高风险资产业务；在一定程度上资本监管使金融机构之间的竞争减弱，导致创新动力不足，市场效率进一步降低。与监管收益一样，由于监管成本的复杂性以及一些指标难以计量，同样存在计量困难的问题。

2）目标完成程度分析方法

由于成本-收益方法的可操作性较差，因此有些学者提出了另一种研究思路，即用银行监管目标的完成程度来衡量资本监管的有效性。相较于成本-收益方法，目标完成程度分析方法更具有可操作性，通过建立客观且可量化的银行监管指标进行科学分析。因此，资本监管的有效性可以从以下目标的完成度进行衡量：

一是货币政策目标。作为一种宏观审慎监管，资本监管可以通过调节银行信贷来影响经济，而货币政策可以通过调节资产价格来影响经济，资本监管和货币政策之间存在天然的联系。陈伟平和张娜（2019）[114] 认为资本监管和货币政策之间具有互补性，随着资本监管压力的提高，银行风险承担对货币政策的敏感性也在不断提高，这有利于紧缩性货币政策发挥风险抑制作用。因此，监管机构可以从货币政策有效发挥的角度衡量资本监管的有效性。

二是宏观经济发展目标。传统经济理论认为，银行作为金融领域的重要组成部分，可以优化资源配置，提高投资效率，促进经济发展。然而，金融危机的发生使人们认识到金融对宏观经济的影响不仅有正面影响，还有负面影响，尤其是银行等金融机构所引发的风险，轻则对经济造成影响，重则引发经济危机。资本监管的作用之一是保持银行的稳健性，促进宏观经济的健康发展。因此，监管机构可以从宏观经济健康发展的角度衡量资本监管的有效性。

三是银行发展目标。所谓的"三性原则"，是指银行的"安全性、流动性、盈利性"。安全性是指银行在进行风险管理时，要保证自身的稳健运营。这些风险主要包括信用风险、市场风险、操作风险和流动性风险等。流动性是指银行的清偿能力，即银行随时满足存款人提取现金的能力以及满足借款人借款的需求。盈利性是指银行在经营活动中所获得的最大利润，这是银行扩大规模、发展业务的基础。因此，监管机构可以从银行发展的角度衡量资本监管的有效性。

2.3.2　资本监管的有效性分析

由 2.3.1 节可知，从目标完成度的角度衡量资本监管的有效性更为现实。现有的国内外文献针对资本监管的有效性分析主要围绕以下三个方面展开：一是资本监管是否降低了银行的风险承担水平或提高了银行的稳健性；二是资本监管是否提高了银行的盈利能力；三是资本监管是否促进了宏观经济的发展。

1）资本监管对银行风险承担的影响

资本监管对银行风险承担的影响并没有形成统一结论，即资本监管可能会提高银行的风险承担水平，也可能会降低银行的风险承担水平。从预期收入效应假说的角度出发，资本监管会提高银行的风险承担水平。Kahane（1977）[4]、Koehn 和 Santomero（1980）[5] 以及 Kim 和 Santomero（1988）[6] 都以预期收入效应假说为基础，认为资本监管迫使银行必须满足资本充足率等监管要求，银行既可以通过直接补充资本的方式提高资本持有量，也可以通过缩减信贷这类高风险业务规模来减少对风险资产的持有。因此，不管采用哪种方式银行都会降低预期收益，为了规避资本监管和弥补预期收益的损失，银行会利用金融监管漏洞进行监管套利，从而更加隐蔽地开展高风险、高收益业务，这就有可能形成一种脱离监管机构监管的新型金融生态，这种金融生态具有隐蔽性和风险性，极易形成系统性风险。而从在险资本效应假说的角度出发，资本监管会降低银行的风险承担水平。Keeley 和 Furlong（1990）[15] 以在险资本效应假说为基础，认为银行存款保险的期权价值会随着资本监管的趋严而下降，资本监管迫使银行在危机期以自有资本来承担损失，且银行资本水平越高，银行在破产时所遭受的损失越大，因此银行在日常经营活动中会更加谨慎对待风险，降低对高风险资产的持有，最终降低银行的风险承担水平。

2）资本监管对银行盈利能力的影响

银行的盈利能力与银行对待风险的态度息息相关，即资本监管可能会提高银行的盈利能力，也可能会降低银行的盈利能力。资本监管主要包括资本充足率监管和杠杆率监管，分子项都是资本项目，分母项都是资产项目，银行会实施"分子策略（增加资本）"或"分母策略（降低风险加权资产）"来满足资本监管的要求，因此资本监管会从"资本"和"资产"两个方面影响银行的盈利能力。

从资本的角度来考虑，银行资本包括股权资本和负债资本，股权资本主要依靠银行发行股票获得，负债资本主要依靠银行吸纳公众存款获得。在信息不对称的情况下，由于投资者认为发行股票在一定程度上降低了股票价值，因此银行是以高成本发行股票的，此时银行更愿意通过负债吸纳公众存款，以低成本的方式获得资金。在资本监管趋严的背景下，监管机构对银行股权资本的要求更严格，且要求的资本量更多，银行为满足资本监管的要求，不得不增加股权资本的占比，从而提高银行的融资成本，最终降低了银行的盈利能力。

从资产的角度来考虑，资本监管会影响银行的信贷规模。一方面银行为了达到资本监管的要求，会降低高风险信贷资产的占比，贷款收入的减少降低了银行的利润；另一方面，资本监管的趋严促使银行提高风险管控能力，降低了信贷资产违约的可能性，最终贷款收入的增加提高了银行的利润。同时，资本监管还会影响银行的资产结构，尤其在资本充足率和杠杆率的双重监管下，激进型的银行会在同等资产规模的情况下增加高风险、高收益的资产，或减少对低风险、低收益资产的持有，最终提高了银行的盈利能力；而保守型的银行则会在现有资产规模的基础上增加资本量，或者降低风险资产的占比，最终降低了银行的盈利能力。从以上分析可知，资本监管对银行盈利能力的影响，取决于利润创造效应和利润侵蚀效应的孰多孰少。当利润创造效应大于利润侵蚀效应时，资本监管会提高银行的盈利能力；当利润创造效应小于利润侵蚀效应时，资本监管会降低银行的盈利能力。

3）资本监管对宏观经济的影响

资本监管对宏观经济的影响可以从信贷紧缩效应和货币政策效应考虑（李晓文，2009）[115]。信贷紧缩效应是指在资本监管趋严的大背景下，银行会减少信贷投放量，进而影响宏观经济，银行为了达到资本监管要求，可以通过"分子策略"或"分母策略"实现，但"分子策略"的灵活性较差，短时间内难以做到，因此"分母策略"更具有可操作性，即资本监管导致信贷紧缩，而信贷紧缩又会导致消费和投资需求减少，最终影响了宏观经济。Heuvel（2002）[116]从货币政策效应的角度分析了资本监管对宏观经济的影响，并以1969—1995年美国银行数据作为研究样本，发现当银行面临较大的资本监管压力时，紧缩性的货币政策对宏观经济的影响更大，并将货币政策的传导机制分为货币政策的银行信贷渠道机制和货币政策的银行资本渠道机制。货币政策的银行信贷渠道机制是指在实施紧缩货币政策时，银行的可贷存款减少，同时银行的资本状况为外部评级机构和投资者提供利好的信号，资本充足的银行获得负债的成本较低，资本不充足的银行获得负债的成本较高，没有能力维持正常的信用关系，因此资本不充足的银行只能缩减信贷规模，最终整个市场的信贷规模缩减，进而影响了宏观经济发展。货币政策的银行资本渠道机制是指在实施紧缩货币政策时，银行的存款利率调整得很快，但贷款利率调整得很慢，银行在这样的存贷利差下损失利润，从而导致银行的自有资本降低。为了在短期内满足资本监管的要求，银行不得不缩减贷款规模，进而影响了宏观经济的发展。

从以上分析可知，资本监管的有效性分析主要是围绕资本监管对银行风险承担的影响、资本监管对银行盈利能力的影响和资本监管对宏观经济的影响进行的。这三个方面在一定程度上是相互联系的，尤其在银行为了规避资本监管和获取高额利润而通过监管套利隐匿信贷资产时，资本监管对银行风险承担的影响、资本监管对银行盈利能力的影响和资本监管对宏观经济的影响都会变得更为复杂，因此探究资本监管与商业银行监管套利的关系是本书的研究重点。

2.4　资本监管的理论基础

目前关于资本监管的理论基础，主要围绕银行的最适资本进行讨论，包括银行资本结构理论、银行资本管理理论以及资本充足率监管和杠杆率监管。银行资本结构理论和银行资本管理理论中的经济资本都从理论上讨论了银行最优资本的持有量，而资本充足率监管和杠杆率监管代表监管机构对银行的资本充足性监管提出了要求。

2.4.1　银行资本结构理论

现代资本结构理论主要包括 M-M 理论、权衡理论、代理理论和优序融资理论。现代资本结构理论设定影响企业资本结构的因素包括税收、财务困境成本、破产成本和信息不对称等因素。因此，在多方因素的影响下，企业在理论上存在最优资本结构。

而银行作为企业，理论上同样存在最优资本结构，但银行又不同于一般的企业，银行资本结构具有其自身的特殊性。银行资本结构的特殊性主要表现在：一是银行的高负债率。银行的主营业务是吸收存款和发放贷款，营运资金主要来自公众存款，因此银行的资本结构具有高杠杆率的特征。二是银行负债的高度分散化。银行负债主要来自大众的小额存款，因其过于分散，大众存款人对银行很难发挥监督作用，因此中央银行及监管机构代替大众存款人发挥监管职能，并制定了相关的资本监管制度。三是银行资产端期限与负债端期限不匹配。银行的存贷业务具有"短借长贷"的特征，即银行存在资金来源短期化和资金运用长期化的现象，期限错配的不利影响会引发流动性风险。四是银行资本的作用是吸收损失。它是抵御银行风险的最后一道防线，但应该保有多少银行资本才能吸收损失仍是银行监管领域的一道难题。银行资本结构理论将现代资本结构理论与银行资本结构的特殊性进行了有机结合，主要包括以下内容：

1）关于 M-M 理论的应用

Modigliani 和 Miller（1958）[117] 提出 M-M 理论，主要探究企业的资本结构是否会影响企业价值，从而提出了资本结构无关论。该理论假设在信息充分流动、没有破产成本、没有税收的理想市场环境下，当企业的负债大幅度增加时，企业的股本风险会随之提高，进而增加股本的成本，因此企业因投资低成本负债而获得的价值会被高成本股本的价值抵消，最终得出企业的资本结构不会影响企业价值的结论。Modigliani 和 Miller（1963）[118] 放宽了有关税收的假设，认为利息具有抵税作用，此时企业价值最大化的选择是 100% 持有负债。以上结论的前提条件都过于理想化，现实中企业将面临破产成本、税收以及信息不对称等因素的影响，因此以上结论并不符合实际情况。Merton 和 Miller（1995）[119] 认为银行比一般企业具有更高的杠杆，通过吸收公众存款获得资金，且资金成本比较低，更加倾向于负债经营。这与 M-M 理论的结论相近，但 M-M 理论的假设条件不够现实，且没有考虑银行风险等相关因素，因此所得结论依然有所偏颇。

2）关于权衡理论的应用

虽然 M-M 理论认为企业选择 100% 持有负债达到了价值最大化，

但现实中没有一家企业能够完全依靠负债经营，这是因为高杠杆的债务会让企业出现资不抵债的情况，可能导致企业陷入财务困境。权衡理论是 M-M 理论的延伸，假设企业存在税收和破产的可能，虽然利息具有抵税作用，但其所产生的税盾效应会被高负债增加的财务困境成本抵消，当二者平衡时，企业达到了最佳的负债水平，代表企业存在最优资本结构。权衡理论在理论上肯定了企业应该持有一定量的资本和负债，但在实践中关于企业的最优资本结构是难以计算出来的，这是因为企业所涉及的财务困境成本无法被准确地衡量出来。如果企业陷入财务困境之中，即便看似很简单的财务困境，也有可能使企业破产倒闭。

Kareken 和 Wallace（1978）[120] 通过权衡理论，分析发现银行存在最优资本结构，认为银行利用垄断地位获得超额收益，吸纳的公众存款越多，银行的利润越高，因此在银行持有 100% 负债时，银行的资产价值达到了最大化。同时，由于银行负债比例的升高，银行破产的概率也随之升高。虽然负债的利息具有抵税作用，但因银行破产成本的增加而被抵消。当边际税盾收益与边际破产成本相等时，银行存在最优资本结构。Koehn 和 Santomero（1980）[5] 认为银行获取资金的方式包括吸收公众存款和发行股票，银行支付存款的利息可以起到税盾的作用，但银行支付股利需要缴纳税费，由于吸收公众存款的成本小于发行股票的成本，因此银行更愿意通过公众存款获得资金，但必须考虑还本付息压力导致的破产的可能性。

3）关于代理理论的应用

代理理论基于信息不对称，认为企业管理者和企业股东之间、企业股东和债权人之间存在代理关系（Jensen and Meckling，1976）[121]。对于股权融资，当企业管理者努力工作时，可以获得部分收益，但要承担全部成本；当企业管理者追求个人利益时，可以获得全部收益，且只承担了部分成本。因此，企业管理者不会完全按照企业股东的利益经营企业，而是更多地追求个人利益。此时，企业的价值小于企业管理者完全按照企业股东利益行事时的价值，其差值就是股权代理成本。对于债券融资，当企业投资高风险项目时，若项目成功，企业股东则会获得全部收益，而债权人只获得了应有的利息；若项目失败，企业股东则承担有限责任，而超出企业股东出资额的损失由债权人承担。这种利益冲突所带来的损失就是债权代理成本。当边际股权代理成本与边际债权代理成本相等时，企业总的代理成本最小，企业的资本结构达到了最优状态。关于代理问题，银行的代理问题比一般企业更为复杂，主要包括经理人和银行股东之间的代理问题、银行股东和债权人之间的代理问题、银行和存款人之间的代理问题以及银行和监管机构之间的代理问题。

4）关于优序融资理论的应用

优序融资理论认为信息是不对称的，企业管理者对企业的资产信息最为了解，而外部投资者并不了解，二者博弈是在信息不对称条件下进行的（Myers and Majluf，1984）[122]。优序融资理论认为企业融资的顺序为：第一步，利用自有资金进行企业内部融资；第二步，当企业自有资金不足时，企业先发行安全级别最高的债券，再发行安全级别低的债券进行融资；第三步，当企业发行债券过多时，财务困境风险越来越大，此时企业会发行股票进行融资。优序融资理论从企业负债比率出发，优点是考虑了多方行为，缺点是该理论假设企业管理者完全服从于企业股东，从而忽略了企业管理者和企业股东的委托代理问题。关于银行的融资顺序问题，同样存在优序融资，即自有资金—债务—发行股票。

2.4.2 银行资本管理理论

银行资本结构理论表明银行在理论上存在最优资本结构，但现实是银行会因存款保险制度或政府的隐形担保而调整银行的资本结构，存在降低资本的动机。Merton（1977）[123]以美国存款保险制度为例，利用期权定价理论模型，将存款保险制度看作是存款保险公司的一种看跌期权，这种看跌期权的价值会随着银行杠杆的提高而增加，因此银行存在降低资本金的动机，而资本充足性监管可以防止银行滥用存款保险制度。Allen等（2015）[124]认为存款保险制度和资本监管的结合不仅可以提高社会福利，还可以降低道德风险，因此资本监管在现行的存款保险制度下存在合理性。上述学者讨论了在存款保险制度下，银行具有降低资本的动机，而对银行进行资本监管可以弱化这种动机，最终对银行资本结构的研究也从银行资本结构理论的视角转向了资本监管的视角，因此银行资本管理理论开始形成，经济资本和监管资本是其主要内容。

自《巴塞尔协议》发布以来，资本监管一直是核心内容，银行资本的主要作用是抵御风险和吸收损失，因此从风险和损失的角度来看，银行资本数量的确定取决于监管资本和经济资本（中国银监会课题组，2010a）[125]。银行的损失分为预期损失、非预期损失和极端损失。预期损失是银行在正常经营过程中，所发生的可预见性的平均损失。预期损失可事先在银行收益中计提损失准备金，属于一种经营成本。非预期损失是银行在特殊时期所发生的不确定性损失，反映了银行的真实风险。由于非预期损失具有不确定性，其计算方法依赖于复杂的数学模型，因此银行无法通过事先计提准备金来覆盖损失，只能匹配相应的资本进行覆盖（周行健，2008）[126]。极端损失是指"小概率、大风险"事件（如战争或自然灾害等）导致银行出现损失，一些压力测试的应用就是针对这些极端情况的，并据此准备应急措施。

正是因为银行有发生非预期损失的可能，所以提出了经济资本这个概念。经济资本是指银行根据信用风险、市场风险、操作风险等模型计算出覆盖非预期损失的最低资本，它反映了银行的真实风险情况，是银行真实需要的资本，如图2-1所示。经济资本测算的难度非常大，需要提前设定概率或选择模型，但因在设定概率或选择模型的过程中存在人为因素，所以结果与真实值之间存在偏差。监管资本是指监管机构根据《巴塞尔协议》，主要以风险加权资产为基础，规定银行应该持有的最低资本量。经济资本和监管资本的主要区别在于：第一，监管资本是监管机构对银行进行强制实施所要求必须持有的资本，经济资本是银行进行主动风险管理时所测算出的最优资本。第二，监管资本关注于金融系统的稳定性，经济资本则关注于个体银行的稳定性。第三，监管资本是监管机构通过对银行资本充足率等监管要求的测算来管控银行风险，经济资本是银行通过对非预期损失的测算来实现自我管控风险的目标。监管机构通过监管资本对银行进行监管，一般来说银行的经济资本应不大于监管资本，如果经济资本大于监管资本，则意味着银行覆盖非预期损失的资本大于监管资本，说明银行资本应对风险的能力不足。

如果每家银行的经济资本都可以准确计算出来，这无疑是银行的最优资本，但在实际操作中，经济资本是难以准确计量的，它依赖于银行的风险管理技术等众多因素。虽然监管机构对银行进行了资本监管，但所形成的监管资本并非最优资本，只能大致计算出银行最优资本的区间，而监管机构所规定的最低资本要求则构成了该区间的下限（中国银监会课题组，2010b）[127]。

综上所述，不管是银行资本结构理论还是银行资本管理理论中的经济资本，都认为在理论上银行存在最优资本，但在实际中无法准确

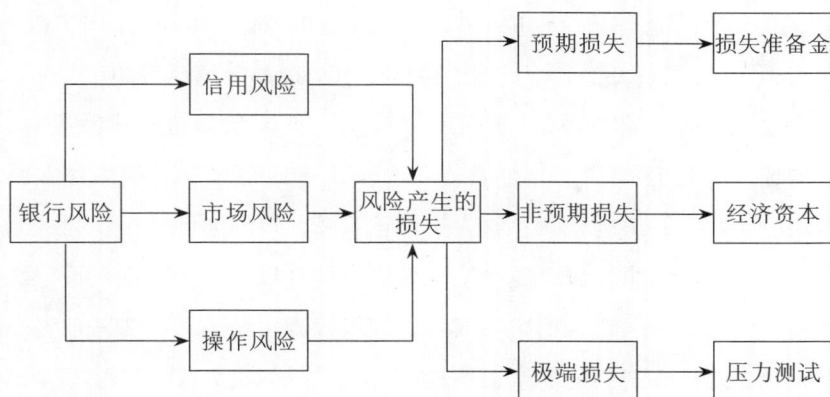

图2-1　银行的真实风险情况

资料来源：根据相关文献整理所得。

计算出银行的最优资本。《巴塞尔协议》所提出的银行资本充足率不得低于8%，不仅是根据一些发达国家的资本监管经验所得，还是监管机构与银行相互博弈后的结果。

2.4.3　资本充足率监管和杠杆率监管

银行资本结构理论和银行资本管理理论中的经济资本都从理论上讨论了银行最优资本的持有量，而资本充足率监管和杠杆率监管则代表监管机构对银行的资本充足性监管提出了要求。美国是最早开展资本监管的国家之一，其资本监管指标的发展大致经历了三个阶段：

第一阶段，即资本/存款。银行早期的主营业务是存贷业务，其面临的最大风险就是挤兑风险，如果银行不能满足存款人的取款要求，很可能引发流动性危机，最终造成银行破产，因此当时的美国监管机构对银行的资本监管，主要是以资本/存款来衡量的，并认为只要随时满足存款人的取款要求，就可以避免银行发生挤兑风险。1914

年，美国货币监理署（Office of the Comptroller of the Currency，OCC）规定美国国民银行的资本/存款不得低于10%，并被广泛应用[128]。

第二阶段，即资本/总资产。1914年，美国联邦储备体系成立，它的出现为银行提供了充足的流动性保障；1933年，美国联邦存款保险公司成立，它为银行存款人提供了保障。正因如此，银行因挤兑风险发生破产的事件越来越少。随着银行挤兑风险的稀释以及银行资产多样化的发展，监管机构逐渐意识到银行真正的损失主要来自资产方而不是负债方，因此对银行的资本监管标准改为资本/总资产。1983年，美国国会颁布《国际贷款监管法案》，要求监管机构制定资本充足率的相关条例，并被确立为法律义务，因此美国于1985年规定大型银行和社区银行的资本/总资产不得低于3%[72]。

第三阶段，即资本/风险资产。以资本/总资产作为资本充足率监管的衡量标准存在一个漏洞，即在总资产规模一样的情况下，银行会优先选择高风险资产，从而满足银行的逐利需求，这说明资本/总资产无法匹配银行真实的风险情况，需要进一步改进。除此之外，各国资本监管的相关标准逐步客观化，但标准之间仍存在很大的差异，这不仅增加了跨境监管的难度，还影响了国际银行之间的竞争公平性，造成监管套利频繁发生[72]。因此，巴塞尔银行监管委员会于1988年发布了《巴塞尔协议 I》，为了覆盖银行的真实风险，确立了以资本充足率为核心内容的资本监管标准，即对银行资本监管的标准用资本/风险资产来衡量，虽然刚开始对风险资产的划分非常简单，存在跟资本/总资产一样的漏洞，但将资本/风险资产作为资本充足率监管的衡量标准依然是一种极大的进步。

1）资本充足率监管

资本充足率一直是银行资本监管的重要内容，自《巴塞尔协议 I》发布以来，资本充足率就一直贯穿其中，其相关指标主要包括资本充足率、一级资本充足率和核心一级资本充足率，具体为：

$$资本充足率 = \frac{总资本 - 对应资本扣除项}{风险加权资产} \times 100\% \qquad (2.1)$$

$$一级资本充足率 = \frac{一级资本 - 对应资本扣除项}{风险加权资产} \times 100\% \qquad (2.2)$$

$$核心一级资本充足率 = \frac{核心一级资本 - 对应资本扣除项}{风险加权资产} \times 100\% \qquad (2.3)$$

从公式（2.1）、公式（2.2）和公式（2.3）中可以看出，调整银行资本充足率包括两种途径：一是"分子策略"，即增加资本，如银行可以提高留存收益或加大外源融资力度；二是"分母策略"，即银行可以降低风险资产规模或将风险权重高的资产转换为风险权重较低的资产。

对"分子策略"来说，补充资本可以依靠内源融资渠道和外源融资渠道。内源融资渠道是指银行通过提高留存收益来增加资本，而留存收益来自银行的利润，其优点是不依赖于外部环境，避免了发行股票或债券所产生的成本，也不会稀释股东的控制权，而缺点是减少了银行的利润，从而影响了银行的市值。通过内源融资渠道提高资本充足率，足以说明银行属于优质银行，银行利润的来源不局限于传统的信贷业务，具有丰富的风险管理经验，盈利能力非常强。外源融资渠道是指银行依靠外部渠道补充资本，如计提普通准备金、发行股票或债券或引进战略投资者等。计提普通准备金不仅可以提高资本充足率，还可以几乎不花费任何成本，如计提呆账损失准备金等；发行股票并不适合所有的银行，毕竟银行上市是有门槛条件的，尤其对中小型银行来说并不现实；发行债券可以提高资本充足率，对不同类型的银行来说具有重要的现实意义；引进战略投资者可以较快地提高银行的资本充足率，但不得不重视其引发的金融安全问题。

对"分母策略"来说，其操作性比"分子策略"更为灵活，可以通过缩减银行风险资产规模或利用资产证券化将高风险资产转移到资产负债表外来实现，而利用资产证券化降低风险加权资产比例成为银行的首选。资产证券化是指银行利用资产证券化业务将基础资产进行重新组合，在实际风险几乎没有降低的情况下使风险加权资产规模缩减，从而提高资本充足率，达到监管机构的要求。

图2-2为我国商业银行各级资本充足率的走势图，从资本结构上来看，核心一级资本充足率的增长率低于一级资本充足率和资本充足率，原因在于我国商业银行通过内源融资渠道补充资本的力度仍然不足，但利用定增、可转债或永续债等方式补充资本在一定程度上确实提高了一级资本充足率和资本充足率[129]。

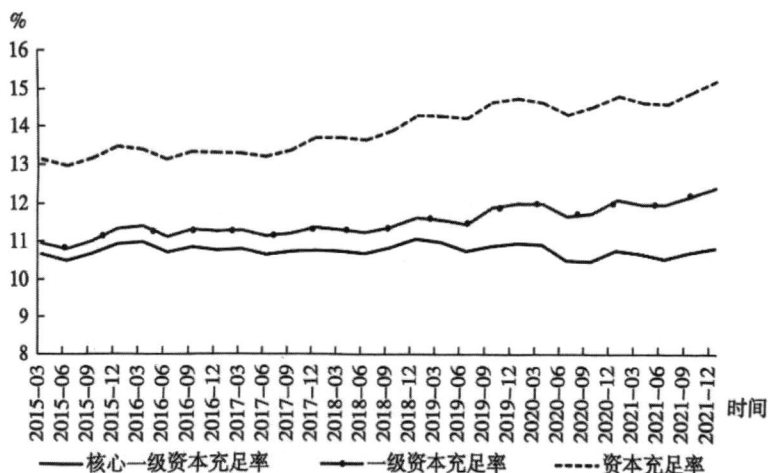

图2-2　我国商业银行各级资本充足率走势图

资料来源：中国银保监会和《2022年度中国银行业发展报告》[129]。

根据中国银行业协会行业发展研究专业委员会（2022）[129]的研究，截至2021年年末，我国商业银行的资本充足率、一级资本充足率和核心一级资本充足率分别为15.13%、12.35%和10.78%，较2020年年末分别增长了0.43%、0.31%和0.06%，主要原因在于：一是加大了资本补充力度，如增加了我国商业银行的外源性资本补充；二是提高了轻资本业务的发展力度，如优化了我国商业银行的信贷结构，减少资本消耗压力。从银行类型来看，我国国有大型银行、股份制银行、城商行和农商行的资本充足率分别为17.29%、13.82%、13.08%和12.56%，较2020年年末分别增长了0.08%、0.22%、0.09%和0.19%，我国国有大型银行的资本充足率和资本充足率增长率远高于其他类型的银行。

2）杠杆率监管

从以上内容可知，杠杆率监管的出现比资本充足率监管更早，资本充足率监管就是从杠杆率监管中演化发展而来的。杠杆率监管更加注重银行风险中的规模因素，但忽略了资产组合风险，即银行在同等规模资产条件下，更愿意选择风险较大的资产，从而对银行形成了反向激励，最终增加了银行的风险，这也是《巴塞尔协议I》选择资本充足率作为资本监管核心指标的重要原因。

章彰（2016）[130]认为从资产负债表内、资产负债表内外和金融衍生品三个方面对杠杆率指标进行衡量，可以形成三种类型的杠杆率指标，分别为资产负债表杠杆、经济杠杆和嵌套式杠杆。其中，资产负债表杠杆采用资产负债表中所有者权益和资产的比值进行衡量，主要针对银行资产负债表内的情况，如果银行没有表外资产，资产负债表杠杆指标可以准确衡量银行的杠杆率情况。经济杠杆主要针对银行有表外资产的情况，但该指标并没有形成统一的计算方式。嵌套式杠杆主要针对金融衍生品的内部杠杆，但该指标的计算更为困难。在《巴塞尔协议I》发布之后，美国和加拿大依然保留了之前的杠杆率监管，其银行同时受到资本充足率和杠杆率的双重监管，2007年美国次贷危机爆发时，美国和加拿大的资本监管效果大相径庭，其中最主要的原因是美国银行的资本充足率监管和杠杆率监管具有很大的欺骗性（中国银监会课题组，2010a）[125]。美国的杠杆率监管偏向资产负债表杠杆，加拿大的杠杆率监管偏向经济杠杆，二者都没有涉及嵌套式杠杆，这意味着资产证券化等金融衍生品并未计入杠杆率监管，但美国银行的资产证券化业务集中程度非常高，杠杆率监管并不真实，而加拿大银行主要以传统业务为主，杠杆率监管可以充分体现银行的风险水平，因此加拿大的杠杆率监管更为可靠。《巴塞尔协议Ⅲ》吸取了金融危机的经验教训，为弥补资本充足率监管的不足，提出了不包含风险敏感性的杠杆率监管指标，规定其不低于3%，具体如公式（2.4）。杠杆率监管目标在一定程度上吸纳了上述三种杠杆率指标的内涵，是对以上三种杠杆率指标的综合反映（章彰，2016）[130]。

$$杠杆率 = \frac{一级资本 - 一级资本扣减项}{资产负债表内资产 + 特定表外资产} \times 100\% \tag{2.4}$$

靳玉英和贾松波（2016）[131]认为资本充足率监管通过对高风险资产赋予高风险权重，抑制了银行对高风险资产的持有，其目的在于降低银行的风险承担水平。但实践结果是，虽然银行持有较少的高风险资产，但持有较多的低风险资产，从而形成了高杠杆风险。如果实施单一的杠杆率监管，即不涉及资产的风险敏感性，那么银行为节约更多的资本，在同样的资产规模条件下，会倾向于选择高风险、高收益的资产，从而形成了银行的结构性风险。综上所述，《巴塞尔协议Ⅲ》将资本充足率监管与杠杆率监管相结合，充分发挥各自的优势，彼此之间相互牵制，进一步防范系统性风险的发生。根据《巴塞尔协议Ⅲ》，杠杆率和一级资本充足率的公式分别为：

$$\frac{K}{A} \geq k_l \tag{2.5}$$

$$\frac{K}{RWA} \geq k_r \tag{2.6}$$

公式（2.5）为杠杆率公式，即一级资本净额与调整后资产负债表内外资产余额的比值。公式（2.6）为一级资本充足率公式，即一级资本净额与风险加权资产的比值。其中，K表示一级资本与一级资本扣减项之差，A表示调整后的资产负债表内外资产余额，k_l表示监管机构规定的杠杆率监管的最低标准，RWA表示银行的风险加权资产，k_r表示监管机构规定的资本充足率监管的最低标准。

将公式（2.5）和公式（2.6）变形为：

$$\frac{RWA}{A} \frac{A}{K} \leqslant \frac{1}{k_r} \tag{2.7}$$

其中，$\dfrac{RWA}{A}$代表银行的风险加权资产比例，该比值越大，表明银行的资产组合风险越大；$\dfrac{A}{K}$代表银行的杠杆，该比值越大，表明银行的杠杆风险越高；$\dfrac{1}{k_r}$代表银行资产组合风险与杠杆风险乘积的上限。在资本充足率和杠杆率相互配合的情况下，银行的资产组合风险和杠杆风险都有了上限，这也是《巴塞尔协议Ⅲ》实行双重资本监管框架的初衷。

2.5 小结

本章首先界定了资本和资本监管的含义，并对资本监管的动因和目标进行了分析，在此基础上重点讨论了资本监管的有效性和资本监管的理论基础。关于资本监管的有效性，主要围绕资本监管有效性的衡量和资本监管的有效性分析这两个方面展开。资本监管有效性的衡量主要包括成本-收益方法和目标完成程度分析方法，目标完成程度分析方法比成本-收益方法的操作性更强；对于资本监管的有效性分析，主要从资本监管对银行风险承担的影响、资本监管对银行盈利能力的影响和资本监管对宏观经济的影响三个方面进行了探讨，但并未形成一致的结论。在银行为了规避资本监管和获取高额利润而通过监管套利隐匿信贷资产时，资本监管对银行风险承担的影响、资本监管对银行盈利能力的影响和资本监管对宏观经济的影响都会变得更为复杂。关于资本监管的理论基础，主要围绕银行资本结构理论、银行资本管理理论以及资本充足率监管和杠杆率监管三个方面展开，银行资本结构理论和银行资本管理理论中的经济资本都从理论上讨论了银行最优资本的持有量，而资本充足率监管和杠杆率监管则代表监管机构对银行资本充足性提出了现实要求。

3

商业银行监管套利的理论分析

本章首先界定了套利和监管套利的概念；其次从商业银行监管套利的动机、实现条件和后果三个方面进行了分析，并对三者的关系进行了总结；最后分析了商业银行监管套利的理论基础，包括一价定律、监管辩证理论和不完全契约理论。

3.1 监管套利的含义

3.1.1 套利

套利，英文为 arbitrage，词根为 arbitr，从词源上来说具有决策、判断之意，根据《牛津词典》中的释义，套利表示"在一个市场上购买股票或货币，在另一个市场上高价出售的决策行为"。约翰·赫尔在《期权、期货及其他衍生产品》一书中认为套利者的目标是发现市场中存在的错误定价，并采用两个或多个相互抵消的交易来锁定盈利，最终维持了市场的均衡价格[132]。因此，套利作为一种决策行为，其目的是在众多的交易中寻求机会赚取额外利润。

狭义套利是指在有限的市场交易中，以无成本的方式赚取低风险的额外利润。但随着市场经济活动的丰富，套利的形式也在不断变化，进而衍生出广义套利。国内学者吴志峰（2003）[133] 较早地对套利进行了深入研究，认为狭义套利和广义套利具有以下区别：一是狭义套利是在不同市场存在价差的情况下发生的，而广义套利不仅可以在物理市场不同的情况下发生，还可以在金融资产内在价值和外在价值不同、资产在不同时期的不同价格的情况下发生；二是狭义套利需要双向操作，而广义套利并不局限于双向操作；三是狭义套利是无成本且低风险的，而广义套利则是有成本且风险具有不确定性的。因此，从不同角度可将套利分为以下类型：

（1）按照时空状态的不同，可分为空间套利和时间套利。空间套利是指套利者从价格较低的市场购买商品或金融资产，在出价较高的市场卖出商品或金融资产，其中的价差收益即套利收益。时间套利是指套利者因购买和出售商品或金融资产的时间不同而获得的价差收益。

（2）按照套利对象的不同，可分为外汇套利、利率套利、风险套利和制度套利。外汇套利是指外汇市场上各种货币汇率之间的套利，包括两角套利和多角套利。两角套利是指在两个不同的外汇市场，如果两种外汇的汇率差超过交易成本，则可进行套利操作。多角套利是指在多个市场或多种货币汇率之间进行的套利。利率套利是针对不同市场的利差进行套利。例如，两国的存款利率有差异，将存款从利率低的国家转移到利率高的国家。又如，不同市场的国债利率存在利差，卖出低利率国债，同时买进高利率国债。风险套利是指利用风险转化进行套利。例如，保险公司承担不同风险类型的保单，并按照单个风险价格索取保险费，通过不同风险间的转化获得套利机会。制度套利是指利用制度的差异性进行套利。

董红苗（2003）[61]是国内较早对金融制度套利进行系统研究的学者，他按照经济发展史将套利的发展过程分为古典套利阶段、现代套利过渡阶段和现代套利阶段，并从产品套利和制度套利两个角度出发进行研究。其研究内容如下：一是古典套利阶段。在18世纪工业革命以前，此时的经济主要以农业和手工业为主，农产品和手工产品是主要的商品形式。商人会利用同一商品在不同市场的价格，通过低买高卖来获取价差收益，或者从商品的当期和远期交易中获取价差收益，这就形成了商品价格的空间套利和时间套利。除此之外，税收制度是当时商人最大的负担，因此商人可以选择税收负担较轻的地方进行商品交易，这就是制度套利的初始形态。二是现代套利过渡阶段。从工业革命后到20世纪中叶，欧美国家的经济主要以轻工业为主，经济的大力发展促使股票交易所、期货交易所和期权交易所等金融机构兴起，因此套利的对象不再局限于商品，更多的金融资产套利出现了。此时，制度套利依然以税收制度套利为主。三是现代套利阶段。20世纪20年代至今，金融业迅猛发展，传统的商品套利已逐渐退出历史舞台，金融套利占据了主要位置。金融套利主要包括金融资产套利和金融制度套利。金融资产套利是指套利者利用市场的不同、时期的不同和商品属性的不同，对金融资产进行套利。金融制度套利是指套利者利用金融制度的差异性、金融制度的空白和金融制度的冲突进行套利活动。

从套利的发展阶段来看，在市场形成的初期，套利就已广泛存在。随着金融业的发展，套利表现出以下特点：一是套利者越来越多元化，不仅包括股票经纪公司、投资公司，还包括信托公司和基金公司等；二是套利技术越来越高科技化，随着信息技术的快速发展，金融创新手段越来越复杂、越来越隐蔽；三是套利后果越来越严重，金融危机的发生就表明了这一点，而银行作为重要的金融中介，在严格的资本监管下，更有动机进行金融制度套利以获取额外收益。

3.1.2　监管套利

监管套利理论形成于20世纪90年代，但监管套利的现象早已出现。20世纪70年代，随着西方发达国家"滞胀"现象的出现，凯恩斯主义的局限性逐渐显现，西方发达国家进入了放宽管制的新时代，监管理念从"严格监管、稳定为主"转变为"金融自由化、效率优先"。在此背景下，金融机构监管套利开始盛行，通过金融创新规避管制来获取利润。20世纪90年代，随着区域性金融危机的频繁发生，监管理念又转向"稳定与效率并重"，学者们开始研究监管套利理论。Donahoo和Shaffer（1991）[134]虽未直接定义"监管套利"的含义，但率先提出了"监管税收"这一理念，认为监管对金融机构来说属于税收的一种形式，因此金融机构有动机从多种交易方式中选择监管税收负担最小的交易策略，"监管税收"这一理念成为此后学者研究"监管套利"的起点。Partony（1997）[135] 给出了关于"监管套利"的较为权威的定义，他认为监管套利属于一种金融交易，金融机构可以利用制度差异所创造的套利机会降低成本或获取利润。Donahoo 和 Shaffer（1991）[134] 认为金融机构可以从众多途径中选择最有利于自己的交易策略，即监管差异使监管套利成为可能，这为后来的研究奠定了基本思想。

董红苗（2003）[61] 认为金融市场正常运转需要完善的价格机制和制度机制，因此金融套利可分为金融资产套利和金融制度套利。其中，金融制度主要包括税收制度和监管制度，这些都会对金融机构造成负担。税收套利是指金融机构利用税收制度的差异或漏洞进行套利，从而减轻税收负担；而监管套利是指金融机构利用监管制度的差异或漏洞进行套利，从而减轻监管负担。不管是金融资产套利，还是金融制度套利，金融机构都是利用金融市场的非均衡进行套利，直到金融市场的非均衡消失，套利活动才会停止。总体来说，监管套利是金融机构利用制度的差异性或不协调性寻找套利机会，从而获得超额收益的行为，这种制度的差异性和不协调性是市场非均衡的一种形式。

3.2 商业银行监管套利的动机及其数理模型

3.2.1 商业银行监管套利的动机

1）商业银行的自身逐利性

商业银行一直追求的是利益最大化，因此利用有限资源获取更多利益是商业银行的首要目标。监管机构为了防范金融风险，要求商业银行必须满足资本充足率等一系列资本监管要求，自《巴塞尔协议》发布以来，资本监管越来越严格，而资本要求的提高无疑增加了商业银行的合规成本，限制了商业银行资产规模的高速增长，并在短期内抑制了商业银行的盈利能力。因此，商业银行会从会计披露、法规条例等方面寻找可利用的机会规避监管，迅速开发新的金融工具或产品进行套利，达到获取高额利润的目的。

2）利率市场化降低了商业银行的垄断利润

商业银行的垄断地位决定了它在制定存贷利率时可以最大程度地扩大利差，这使得商业银行单凭存贷业务就可取得高收益。但随着利率市场化的持续推进，商业银行之间的竞争加剧，逐渐成为垄断竞争的态势，存贷利差空间的缩小使得商业银行的收益降低。

图 3-1 为我国商业银行净息差走势图。从 2015 年 12 月份开始，我国商业银行净息差就出现断崖式下降，在 2017 年 3 月达到了历史最低点。截至 2021 年 12 月，我国商业银行的净息差为 2.08%，较 2020 年年末缩减 2BP。由此可见，我国商业银行的净息差从 2017 年开始就一直保持低位，存在收窄压力[129]。因此，商业银行的逐利动机促使商业银行利用监管套利提高利润率。

3）非银行金融机构的竞争蚕食了商业银行的利润空间

随着网络技术的发展，非银行金融机构中的科技公司发展壮大，其利用网上客户资料和后台数据等方面的优势对客户实施精准营销，通过移动支付、网上借贷等新业务模式蚕食商业银行的传统业务领域，不断缩减商业银行的利润空间，对商业银行的传统业务产生极大的冲击。商业银行面对科技公司等非银行金融机构的业务竞争，为追求高额利润，促使其利用监管套利提高利润率。

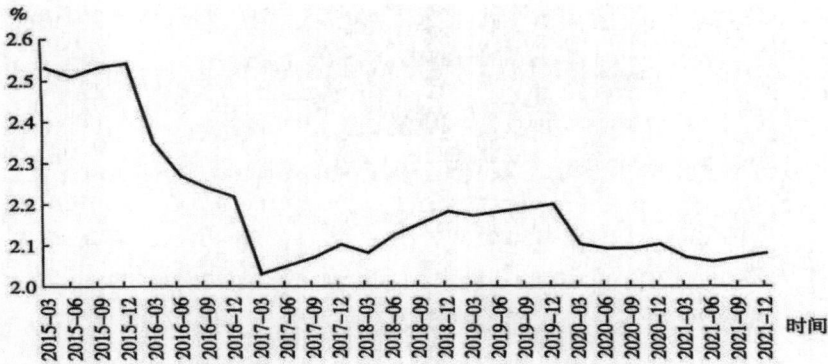

图 3-1 我国商业银行净息差走势图

资料来源：中国银保监会和《2022年度中国银行业发展报告》[129]。

4）经济下行压力缩小了商业银行的盈利空间

近几年，全球经济增速放缓已是不争的事实。2008年金融危机发生以后，虽然经济有所恢复，但远没有达到危机前的水平。经济下行压力导致企业经营活力下降，实体经济的融资需求降低，因此商业银行资产和负债的扩展速度降低，最终缩小了商业银行的盈利空间，而商业银行面对种种限制，只能利用监管套利来提高利润率。

通过以上分析可知，商业银行本身具有逐利性，而外部环境的变化导致商业银行利润率的降低，因此商业银行需要通过监管套利来实现高额利润。由此可见，商业银行监管套利的动机就是为了获取高额利润，然而这种逐利动机只是商业银行追逐利润的强烈需求，并不能导致商业银行监管套利成为现实。因此，真正促使商业银行监管套利从动机变为现实的关键因素是监管漏洞。

3.2.2 商业银行监管套利动机的数理模型

商业银行天生具有逐利性，为获取高额利润，存在规避监管的强烈动机。商业银行会通过各种方式寻找监管套利的机会，并逐步衍生出不受管制的影子银行业务。因此，商业银行与监管机构的关系就像"猫鼠游戏"一样，总是围绕"危机—监管—监管套利—新的危机—监管升级—监管套利"这样的模式展开博弈的。本书从成本和收益的角度计算演化博弈模型的支付矩阵，采用演化博弈模型构建商业银行与监管机构的关系，探讨商业银行监管套利的动机。演化博弈模型有两个特点：一是从参与人的有限理性出发；二是博弈策略可以不断调整。这些特点很好地反映了现实中监管机构对商业银行的监管决策行为。因为在现实条件下有限理性和信息不对称都是常态，而监管决策也不是一次性完成的，最优策略是商业银行和监管机构不断"较量"和"修正"后的结果。根据彭红枫等（2016）[136]和谢识予（2019）[137]的相关研究，本书通过建立演化博弈模型，找出"复制动态方程"和"演化稳定策略"，对商业银行和监管机构的策略选择及博弈结果进行研究。

1）基本假设

第一，在演化博弈模型中，参与博弈的双方是商业银行和监管机构，目的是根据现有信息采取策略，获取最大化的利益。双方都是有限理性的，无法通过一次博弈作出最优决策，而是需要不断调整自身策略才能达到博弈均衡。

第二，商业银行可以通过传统业务获取正常利润，也可以通过监管套利获得更多的利益。一旦被发现利用监管套利，商业银行将受到监管机构的处罚。因此，商业银行的策略选择空间是 ｛不监管套利，监管套利｝，即以 y 的概率采取不监管套利策略，以 $1-y$ 的概率采取监管套利策略。监管机构可以因防范系统性风险和稳定金融系统而严格监管，也可以因监管成本高、监管难度大和监管流程复杂而放松监管。因此，监管机构的策略选择空间是 ｛强监管，弱监管｝，即以 x 的概率采取强监管策略，以 $1-x$ 的概率采取弱监管策略。

第三，商业银行在采取不监管套利策略时，可获取的利润为 p，而在采取监管套利策略时，可获取的利润为 $p + p^*$（p^* 为超额利润，且 $p^* > 0$）。监管机构在采取弱监管策略时所付出的成本为 C_w，而在采取强监管策略时所付出的成本为 $C_w + C$（C 为策略转换成本，且 $C > 0$）。

第四，当监管机构采取强监管策略时，商业银行采取不监管套利策略，监管机构因监管得当获得奖励 R，如公众对监管机构的信任感；商业银行采取监管套利策略，监管机构则对商业银行进行惩罚 F。当监管机构采取弱监管策略时，商业银行采取监管套利策略，监管机构因监管不当产生损失 L，如当商业银行监管套利被公众发现而没有被监管机构发现时，公众对监管机构产生的不信任感；商业银行采取监管套利策略被发现的概率为 w，且 $0 < w < 1$，监管机构因监管不当产生或有损失 wL，监管机构对商业银行进行或有惩罚 wF。

第五，当采取强监管策略时，监管机构会多付出转换成本 C，并因监管得当获得奖励 R。若 $R > C$，则监管机构更愿意采取强监管策略。当采取弱监管策略时，监管机构因监管不当产生或有损失 wL。若 $C > wL$，则监管机构更愿意采取弱监管策略。因此，为了方便研究，假设 $R > C$ 或 $C > wL$。

通过以上假设，可以计算出商业银行和监管机构在不同策略下的成本与收益，从而得到演化博弈模型的支付矩阵，见表3-1。

表3-1　　　　　　　**商业银行和监管机构的博弈支付矩阵**

项目		商业银行	
		不监管套利(y)	监管套利($1-y$)
监管机构	强监管(x)	$(R - C_w - C,\ p)$	$(-C_w - C,\ p + p^* - F)$
	弱监管($1-x$)	$(-C_w,\ p)$	$(-C_w - wL,\ p + p^* - wF)$

资料来源：由作者填制。

2）商业银行的策略演化稳定分析

假设 μ_y、μ_{1-y}、$\overline{\mu}_1$ 分别代表商业银行采取不监管套利策略的期望收益、商业银行采取监管套利策略的期望收益和商业银行采取混合策略的平均期望收益，具体表示如下：

$$\mu_y = xp + (1-x)p \tag{3.1}$$

$$\mu_{1-y} = x(p + p^* - F) + (1-x)(p + p^* - wF) \tag{3.2}$$

$$\overline{\mu}_1 = y\mu_y + (1-y)\mu_{1-y} \tag{3.3}$$

在演化博弈模型中，实施某种策略的概率是随着时间而变化的，因此通过构建复制动态方程来表示某种策略的演化方向和速度。商业银行采取监管套利策略的复制动态方程为：

$$F(y) = \frac{dy(t)}{dt} = y(\mu_y - \overline{\mu}_1) = y(1-y)[-p^* + wF + (F-wF)x] \tag{3.4}$$

对公式（3.4）求一阶导数，得到：

$$F'(y) = (1-2y)[-p^* + wF + (F-wF)x] \tag{3.5}$$

当 $F(y) = 0$ 时，可求得可能的演化稳定均衡解。为了进一步判断哪些解具备演化稳定性，需要满足条件 $F'(y^*) < 0$，这代表 y^* 为演化稳定策略。

令 $F(y) = 0$，得到 $y_1^* = 0$，$y_2^* = 1$，$x^* = \dfrac{p^* - wF}{F - wF}$。其中，$y_1^* = 0$，$y_2^* = 1$ 是可能的演化稳定均衡解。为了进一步得到演化稳定策略，需要判断是 $F'(0) < 0$，还是 $F'(1) < 0$。由于 $0 \leqslant x^* \leqslant 1$，$0 < w < 1$，因此假设 $F - wF > 0$，存在 $p^* \geqslant wF$。

情形1：当 $x = \dfrac{p^* - wF}{F - wF}$ 时，$F(y) = 0$ 恒成立，y 取区间 $[0, 1]$，则任意值都是演化稳定均衡解，即不管商业银行采取不监管套利策略的概率是多少，当监管机构采取强监管策略的概率为 $x = \dfrac{p^* - wF}{F - wF}$ 时，这两种策略都属于稳定策略。

情形 2：当 $x < \dfrac{p^* - wF}{F - wF}$ 时，$-p^* + wF + (F - wF)x < 0$，$F'(0) < 0$，$F'(1) > 0$，则 $y^* = 0$ 为商业银行的稳定策略，即当监管机构采取强监管策略的概率低于 $\dfrac{p^* - wF}{F - wF}$ 时，商业银行逐渐由不监管套利策略转向监管套利策略。

情形 3：当 $x > \dfrac{p^* - wF}{F - wF}$ 时，$-p^* + wF + (F - wF)x > 0$，$F'(0) > 0$，$F'(1) < 0$，则 $y^* = 1$ 为商业银行的稳定策略，即当监管机构采取强监管策略的概率高于 $\dfrac{p^* - wF}{F - wF}$ 时，商业银行逐渐由监管套利策略转向不监管套利策略。

通过以上分析可知，当监管机构选择强监管策略的概率为 $\dfrac{p^* - wF}{F - wF}$ 时，商业银行选择不监管套利策略所获得的收益与选择监管套利策略所获得的收益是相等的；当监管机构选择强监管策略的概率小于 $\dfrac{p^* - wF}{F - wF}$ 时，商业银行发现监管机构倾向于选择弱监管策略，此时商业银行采取监管套利策略的概率会更大一些；当监管机构选择强监管策略的概率大于 $\dfrac{p^* - wF}{F - wF}$ 时，商业银行发现监管机构倾向于选择强监管策略，此时商业银行采取监管套利策略的概率会更小一些。

3）监管机构的策略演化稳定分析

假设 μ_x、μ_{1-x}、$\overline{\mu}_2$ 分别代表监管机构采取强监管策略的期望收益、监管机构采取弱监管策略的期望收益和监管机构采取混合策略的平均期望收益，具体表示如下：

$$\mu_x = y(-C_w - C + R) + (1 - y)(-C_w - C) \tag{3.6}$$

$$\mu_{1-x} = y(-C_w) + (1 - y)(-C_w - wL) \tag{3.7}$$

$$\overline{\mu}_2 = x\mu_x + (1 - x)\mu_{1-x} \tag{3.8}$$

监管机构采取监管策略的复制动态方程为：

$$F(x) = \frac{dx(t)}{dt} = x(\mu_x - \overline{\mu}_2) = x(1 - x)[wL - C + (R - wL)y] \tag{3.9}$$

对公式（3.9）求一阶导数，得到：

$$F'(x) = (1 - 2x)[wL - C + (R - wL)y] \tag{3.10}$$

当 $F(x) = 0$ 时，可求得可能的演化稳定均衡解。为了进一步判断哪些解具备演化稳定性，需要满足条件 $F'(x^*) < 0$，这代表 x^* 为演化稳定策略。

令 $F(x) = 0$，得到 $x_1^* = 0$，$x_2^* = 1$，$y^* = \dfrac{C - wL}{R - wL}$。其中，$x_1^* = 0$，$x_2^* = 1$ 是可能的演化稳定均衡解。为了进一步得到演化稳定策略，需要判断是 $F'(0) < 0$，还是 $F'(1) < 0$。由于 $0 \leqslant y^* \leqslant 1$，因此假设 $C > wL$，存在 $R > wL$。

情形1：当 $y = \dfrac{C - wL}{R - wL}$ 时，$F(x) = 0$ 恒成立，x 取区间 $[0, 1]$，则任意值都是演化稳定均衡解，即不管监管机构采取强监管策略的概率是多少，当商业银行采取不监管套利策略的概率为 $y = \dfrac{C - wL}{R - wL}$ 时，这两种策略都属于稳定策略。

情形2：当 $y < \dfrac{C - wL}{R - wL}$ 时，$wL - C + (R - wL)y < 0$，$F'(0) < 0$，$F'(1) > 0$，则 $x^* = 0$ 为监管机构的稳定策略，即当商业银行采取不监管套利策略的概率低于 $\dfrac{C - wL}{R - wL}$ 时，监管机构逐渐由强监管策略转向弱监管策略。

情形3：当 $y > \dfrac{C - wL}{R - wL}$ 时，$wL - C + (R - wL)y > 0$，$F'(0) > 0$，

$F'(1) < 0$，则 $x^* = 1$ 为监管机构的稳定策略，即当商业银行采取不监管套利策略的概率高于 $\dfrac{C - wL}{R - wL}$ 时，监管机构逐渐由弱监管策略转向强监管策略。

通过以上分析可知，当商业银行选择不监管套利策略的概率为 $\dfrac{C - wL}{R - wL}$ 时，监管机构选择强监管策略所获得的收益与选择弱监管策略所获得的收益是相等的；当商业银行选择不监管套利策略的概率小于 $\dfrac{C - wL}{R - wL}$ 时，由于监管成本和监管难度的增加，监管机构则会采取弱监管策略；当商业银行选择不监管套利策略的概率大于 $\dfrac{C - wL}{R - wL}$ 时，监管机构则会采取强监管策略。

4）商业银行和监管机构的系统演化稳定均衡点（ESS）分析

由上文可知，商业银行和监管机构的复制动态方程为：

$$\begin{cases} F(y) = y(1 - y)\left[-p^* + wF + (F - wF)x\right] \\ F(x) = x(1 - x)\left[wL - C + (R - wL)y\right] \end{cases} \tag{3.11}$$

通过公式（3.11）可得到五个局部均衡点，即 $(0, 0)$，$(0, 1)$，$(1, 0)$，$(1, 1)$，(x^*, y^*)。其中，$x^* = \dfrac{p^* - wF}{F - wF}$，$y^* = \dfrac{C - wL}{R - wL}$，但这些均衡点都不具备稳定性，需要对其进一步判断。

由 $F(x)$ 和 $F(y)$ 可构建雅可比矩阵，即以一阶导数构成矩阵 J，并假设 F_{11} 表示对 $F(x)$ 求 x 的偏导、F_{12} 表示对 $F(x)$ 求 y 的偏导、F_{21} 表示对 $F(y)$ 求 x 的偏导、F_{22} 表示对 $F(y)$ 求 y 的偏导。根据 Friedman 判定法，在秩=$F_{11} + F_{22} < 0$，且在行列式=$F_{11}F_{22} > 0$ 的情况下，可判定均衡点具有稳定性，即可求得系统演化稳定均衡点。若行列式大于0，且秩大于0，则均衡点属于不稳定点；若行列式小于0，且秩不确定，则均衡点属于鞍点；若行列式等于0，且秩等于 0，则均衡点属于中心点，不属于稳定点。其具体结果如下：

$$J = \begin{bmatrix} F_{11} & F_{12} \\ F_{21} & F_{22} \end{bmatrix} = \begin{bmatrix} \dfrac{\partial F(x)}{\partial x} & \dfrac{\partial F(x)}{\partial y} \\ \dfrac{\partial F(y)}{\partial x} & \dfrac{\partial F(y)}{\partial y} \end{bmatrix} \tag{3.12}$$

$$F_{11} = \frac{\partial F(x)}{\partial x} = (1 - 2x)[wL - C + (R - wL)y] \tag{3.13}$$

$$F_{12} = \frac{\partial F(x)}{\partial y} = x(1 - x)(R - wL) \tag{3.14}$$

$$F_{21} = \frac{\partial F(y)}{\partial x} = y(1 - y)(F - wF) \tag{3.15}$$

$$F_{22} = \frac{\partial F(y)}{\partial y} = (1 - 2y)[-p^* + wF + (F - wF)x] \tag{3.16}$$

表 3-2 为五个局部均衡点的取值情况，对于局部均衡点 (x^*, y^*)，由于恒有 $F_{11} + F_{22} = 0$，说明它不是系统演化稳定均衡点，因此需要重点讨论其他局部均衡点的具体情况，分别为 (0，0)、(0，1)、(1，0)、(1，1)。

表 3-2　　　　　　　　五个局部均衡点的取值情况

均衡点	F_{11}	F_{12}	F_{21}	F_{22}
(0，0)	$wL - C$	0	0	$-p^* + wF$
(0，1)	$R - C$	0	0	$-(-p^* + wF)$
(1，0)	$-(wL - C)$	0	0	$-p^* + F$
(1，1)	$-(R - C)$	0	0	$-(-p^* + F)$
(x^*, y^*)	0	F_{12}^*	F_{21}^*	0

资料来源：本表数据由作者计算而得。

为了方便研究，假设 $wL < C$ 或 $C < R$。当 $wL < C$ 时，即监管机构的策略转换成本大于或有损失，此时监管机构更愿意采取弱监管策略；当 $C < R$ 时，即监管机构的策略转换成本小于奖励，此时监管机

构更愿意采取强监管策略。因此，监管机构的策略选择还需要看商业银行的策略选择，可分为两种情形，见表3-3和表3-4。

表3-3　　　　　　　　情形1下的系统演化稳定性分析

均衡点	F_{11}	F_{22}	秩	行列式	状态
(0, 0)	负	负	负	正	ESS
(0, 1)	正	正	正	正	不稳定点
(1, 0)	正	负	不确定	负	鞍点
(1, 1)	负	正	不确定	负	鞍点

资料来源：本表数据由作者计算而得。

情形1：当$wL < C < R$，且$F < p^*$时，局部均衡点（0，0）为系统演化稳定均衡点，具体结果如下：

由表3-3可知，当监管机构的策略转换成本大于或有损失且小于奖励，而商业银行采取监管套利策略所获得的额外利润大于惩罚时，监管机构和商业银行为实现利益最大化的目的而采取弱监管策略和监管套利策略。由此可见，监管机构和商业银行在长期博弈后，双方的渐近稳定点为（0，0）。

表3-4　　　　　　　　情形2下的系统演化稳定性分析

均衡点	F_{11}	F_{22}	秩	行列式	状态
(0, 0)	负	负	负	正	ESS
(0, 1)	正	正	正	正	不稳定点
(1, 0)	正	正	正	正	不稳定点
(1, 1)	负	负	负	正	ESS

资料来源：本表数据由作者计算而得。

情形2：当$wL < C < R$，且$wF < p^* < F$时，局部均衡点（0，0）、（1，1）为系统演化稳定均衡点，具体结果如下：

由表3-4可知，当监管机构的策略转换成本大于或有损失且小于奖励，而商业银行采取监管套利策略所获得的额外利润大于或有惩罚且小于惩罚时，监管机构和商业银行为实现利益最大化的目的而采取强监管策略和不监管套利策略，或者采取弱监管策略和监管套利策略。由此可见，监管机构和商业银行在长期博弈后，双方的渐近稳定点为（0，0）或（1，1）。

5）结论分析

在（0，0）、（0，1）、（1，0）、（1，1）的局部均衡点中，只有（0，0）、（1，1）具有稳定性特征，即｛弱监管，监管套利｝、｛强监管，不监管套利｝。商业银行和监管机构在博弈的过程中会受到很多因素的影响，如商业银行因监管套利所获得的额外利润、商业银行因监管套利所产生的惩罚及或有惩罚；监管机构的策略转换成本、监管机构因监管得当所获得的奖励、监管机构因监管不当所产生的或有损失等，二者博弈的演化稳定性依赖于以上因素。

当监管机构的策略转换成本大于或有损失时，监管机构会因付出成本太高而采取弱监管策略，此时商业银行则因额外利润大于惩罚而采取监管套利策略，策略组合是｛弱监管，监管套利｝。随着商业银行的监管套利越来越严重，监管机构的策略转换成本小于奖励，监管机构会采取强监管策略，而商业银行则因额外利润小于惩罚而采取不监管套利策略，策略组合是｛强监管，不监管套利｝。随着监管机构强监管策略的实施，套利成本越来越高，商业银行监管套利的可能性逐步降低，监管机构会再次采取弱监管策略，此时商业银行因额外利润大于或有惩罚而采取监管套利策略，策略组合是｛弱监管，监管套利｝。因此｛弱监管，监管套利｝、｛强监管，不监管套利｝是商业银行和监管机构相互博弈后的最终稳定状态。从以上分析可知，商业银行在逐利动机的影响下，面对监管机构的弱监管策略，商业银行会采取监管套利策略。

3.3 商业银行监管套利的实现条件及其数理模型

3.3.1 净监管负担一价定律

套利的运行原理形成于商品价格套利阶段，主要以一价定律为基础。随着金融市场的快速发展，各种套利形式层出不穷，而监管套利属于制度套利的一种，主要以净监管负担一价定律为基础。净监管负担是对商业银行而言的，即监管对商业银行来说是一种负担，当商业银行进行相关交易时，在一系列监管约束中存在不同净监管负担的交易策略，说明存在套利机会，因此商业银行会通过选择净监管负担最小的交易策略进行监管套利。如果在这一系列监管约束中，交易策略的净监管负担都是相同的，说明不存在套利机会，因此商业银行也无须进行监管套利，这就是净监管负担一价定律（董红苗，2003；沈庆劼，2011）[61] [71]。

净监管负担是指监管成本与监管收益的差值。监管成本是指监管会给商业银行带来监管负担，从而形成商业银行的额外成本。监管收益是指监管会给商业银行带来好处，如提高了商业银行的稳定性、增加了公众对商业银行的信任度等，从而形成了商业银行的额外收益。当监管成本与监管收益的差值大于零，即净监管负担大于零时，商业银行出于逐利目的，则会规避监管。

根据董红苗（2003）[61] 对制度套利的研究，本书将制度套利分为竞争性制度套利和非竞争性制度套利，并利用净监管负担一价定律对这两种制度套利方式展开分析。假设商业银行为实现某项交易活动，拥有 n 种策略 φ_n，这些策略 φ_n 与相应的监管制度一一对应，即 $R_1(\varphi_1)$、$R_2(\varphi_2)$、$R_3(\varphi_3)\cdots R_n(\varphi_n)$，这些监管制度由各自的监管主体 i 管理，那么商业银行就会面临 n 种净监管负担，分别为 $N_1(\varphi_1)$、$N_2(\varphi_2)$、$N_3(\varphi_3)\cdots N_n(\varphi_n)$。

对于竞争性制度套利，是针对具有竞争性的监管主体而言的，这些监管主体为获得更多的经济资源，可能会采取"逐底竞争"，即通过逐步放宽经济管制而吸引各类机构，这类监管套利更多地表现在国家之间的竞争。假设监管主体 i 管理监管制度 $R_i(\varphi_i)$，监管主体 j 管理监管制度 $R_j(\varphi_j)$，二者之间具有竞争关系。如果商业银行的策略转换成本为 $C = 0$，且 $N_i(\varphi_i) < N_j(\varphi_j)$，那么商业银行为使净监管负担更小，会选择 φ_i 策略实现交易；监管主体 j 由于失去了金融资源，则会调整监管制度 $R_j(\varphi_j)$，使 $N_j(\varphi_j) < N_i(\varphi_i)$，而商业银行为使净监管负担更小，则会选择 φ_j 策略实现交易。如此反复，最终形成 $N_j(\varphi_j) = N_i(\varphi_i)$，商业银行不再进行监管套利。如果商业银行的策略转换成本为 $C > 0$，只要 $\left| N_i - N_j \right| > C$，商业银行依旧会进行监管套利，直至 $|N_i - N_j| \leqslant C$，商业银行会因策略转换成本太高而停止监管套利。对于竞争性的监管主体，监管主体在商业银行反复监管套利的过程中，不断提供更宽松的监管环境来吸引金融资源，这一过程又称"监管竞次"，监管主体的这种监管行为对监管环境的稳定性造成的破坏是不言而喻的。

对于非竞争性制度套利，即监管主体之间不具有竞争性，它们之间相互补充共同维护一个监管系统的稳健运营，被监管主体会不断地发现监管漏洞，因此监管主体的监管行为表现得更为被动，这类监管套利更多地表现在一国之内的监管体系之中。假设监管主体 i 管理监管制度 $R_i(\varphi_i)$，监管主体 j 管理监管制度 $R_j(\varphi_j)$，二者之间不具有竞争关系。如果商业银行的策略转换成本为 $C = 0$，且 $N_i(\varphi_i) > N_i(\varphi_i')$，那么商业银行为使净监管负担更小，将策略 φ_i 转换为策略 φ_i'；监管主体 i 发现监管制度 $R_i(\varphi_i)$ 存在不足，为限制策略 φ_i' 带来的负外部性，将监管制度 $R_i(\varphi_i)$ 调整为新的监管制度 $R_i'(\varphi_i)$，最终形成 $N_i(\varphi_i) = N_i(\varphi_i')$。如果商业银行的策略转换成本为 $C = 0$，且 $N_j(\varphi_j) > N_j(\varphi_j')$，那么商业银行为使净监管负担更小，将策略 φ_j 转换为策略 φ_j'，监管主体 j 为限制策略 φ_j' 带来的负外部性，对策略 φ_j' 直接进行限制，最终商业银行只能实施策略 φ_j。如果商业银行的策略转换成本为 $C > 0$，且 $N_i(\varphi_i) - N_i(\varphi_i') > C$，那么商业银行依旧会进行监管套利，直至 $N_i(\varphi_i) - N_i(\varphi_i') \leqslant C$，商业银行会因策略转换成本太高而停止监管套利。对非竞争性监管主体而言，面对商业银行监管套利所采取的措施是更新监管制度或者明令禁止套利行为。

无论是竞争性制度套利还是非竞争性制度套利，商业银行之所以可以实现监管套利，是因为监管制度存在差异性或者不协调性，商业银行基于净监管负担一价定律，不断寻找更好的交易策略，从而使净监管负担达到最小。比如，监管机构的分业监管所导致的监管重叠或监管真空，商业银行会选择符合自身利益的监管规则开展活动或利用监管漏洞开展高风险业务。又如，国家之间的监管竞次所导致的监管放宽，商业银行会选择监管薄弱的国家开展业务。一旦监管制度的差异性或不协调性消失，商业银行的监管套利行为就会随之消失。

3.3.2　商业银行监管套利实现的数理模型

根据 Ariccia 和 Marquez（2003）[138] 及张金城和李成（2011）[68] 的研究，本书建立相关模型，设定监管机构对本国金融交易进行监管，通过宽松的监管政策吸引更多的金融资源，因此净监管负担越小越好，但需要保证金融体系的稳定性，而商业银行等金融机构会比较国家之间的金融监管制度，选择净监管负担较小的国家进行金融交易，相关假设如下：

第一，假设存在两个国家 A 和 B，国家 A 的监管政策数量为 R_A，国家 B 的监管政策数量为 R_B，数值越大代表该国监管政策越多，监管政策越多代表该国的金融监管越严格。

第二，一个国家的净监管负担不仅与本国的监管制度相关，还与他国的监管制度相关。对商业银行 i 来说，国家 A 提供的净监管负担为 $NBR_A(R_A, R_B)$，国家 B 提供的净监管负担为 $NBR_B(R_A, R_B)$。当 $\partial NBR_A(R_A, R_B)/\partial R_A > 0$，且 $\partial NBR_B(R_A, R_B)/\partial R_B > 0$ 时，代表本国的监管制度政策越多，本国的净监管负担就越大；当 $\partial NBR_A(R_A, R_B)/\partial R_B < 0$，且 $\partial NBR_B(R_A, R_B)/\partial R_A < 0$ 时，代表他国的监管制度政策越多，本国的净监管负担就越小。

第三，一国的监管机构在监管的过程中，不仅要考虑净监管负担，还要控制风险，维护本国金融体系的稳定性。因此，国家 i 的金融风险函数的表达式为 $RISK_i = RISK(R_A, R_B)$，若 $\partial RISK_i/\partial R_i < 0$，则代表国家 i 的金融风险随该国监管政策的增多而降低；若 $\partial^2 RISK_i/\partial R_i^2 < 0$，则代表国家 i 随该国监管政策的增多而逐步降低金融风险。

第四，假设净监管负担的权重为 μ，金融风险的权重为 $1-\mu$，两个国家 A 和 B 的监管机构的效用最大化（U 最小）函数分别为：

$$maxU_A = \mu NBR_A(R_A, R_B) + (1 - \mu)RISK_A(R_A, R_B) \tag{3.17}$$

$$maxU_B = \mu NBR_B(R_A, R_B) + (1 - \mu)RISK_B(R_A, R_B) \tag{3.18}$$

对公式（3.17）和公式（3.18）分别求导，得到：

$$\frac{\mu \partial NBR_A(R_A, R_B)}{\partial R_A} + \frac{(1 - \mu)\partial RISK_A(R_A, R_B)}{\partial R_A} = 0 \tag{3.19}$$

$$\frac{\mu \partial NBR_B(R_A, \ R_B)}{\partial R_B} + \frac{(1 - \mu)\partial RISK_B(R_A, \ R_B)}{\partial R_B} = 0 \quad\quad (3.20)$$

假设（R_A^*, R_B^*）是公式（3.19）和公式（3.20）一阶条件的均衡解，可知：

$$\frac{\partial RISK_A(R_A, \ R_B)/\partial R_A}{\partial RISK_A(R_A, \ R_B)/\partial R_A - \partial NBR_A(R_A, \ R_B)/\partial R_A}$$

$$= \frac{\partial RISK_B(R_A, \ R_B)/\partial R_B}{\partial RISK_B(R_A, \ R_B)/\partial R_B - \partial NBR_B(R_A, \ R_B)/\partial R_B} \quad\quad (3.21)$$

对公式（3.21）进行变形，可得出：

$$\frac{\partial RISK_A(R_A, \ R_B)/\partial R_A}{\partial NBR_A(R_A, \ R_B)/\partial R_A} = \frac{\partial RISK_B(R_A, \ R_B)/\partial R_B}{\partial NBR_B(R_A, \ R_B)/\partial R_B} \quad\quad (3.22)$$

假设两个国家 A 和 B 的金融环境是相同的，且边际净监管负担相等，则存在 $\partial NBR_A(R_A, \ R_B)/\partial R_A = \partial NBR_B(R_A, \ R_B)/\partial R_B = C$（$C$ 为边际成本）。

对公式（3.22）继续求导，可得到：

$$\frac{1}{C}\partial^2 RISK_A(R_A, \ R_B)/\partial R_A^2 = \frac{1}{C}\partial^2 RISK_B(R_A, \ R_B)/\partial R_B^2 \quad\quad (3.23)$$

从假设中已知 $\partial^2 RISK_i/\partial R_i^2 < 0$，且式（3.23）的结果小于零，说明 $\dfrac{\partial RISK_A(R_A, \ R_B)/\partial R_A}{\partial NBR_A(R_A, \ R_B)/\partial R_A}$ 和 $\dfrac{\partial RISK_B(R_A, \ R_B)/\partial R_B}{\partial NBR_B(R_A, \ R_B)/\partial R_B}$ 都是单调减函数，因此存在 $R_A^* = R_B^*$，即两个国家 A 和 B 的监管机构的效用最大化（U 最小）函数的均衡解。具体来说，当 $R_A \neq R_B$ 时，两个国家 A 和 B 的监管政策的严格程度不一致，监管市场不均衡，因此存在监管套利的机会，商业银行会选择在监管薄弱的国家开展业务。当 $R_A^* = R_B^*$ 时，两个国家 A 和 B 的监管政策的严格程度一致，监管市场均衡，因此不存在监管套利的机会，商业银行会停止监管套利行为。

3.4　商业银行监管套利的后果

3.4.1　商业银行监管套利的危害性

1）商业银行监管套利容易导致金融风险隐性化问题（郁芸君等，2021）[2]

商业银行作为市场主体，其目的是追求超额利润，必然会隐藏金融风险，进行监管套利，影子银行由此产生。由于影子银行的业务模式具有隐蔽性，能够很好地脱离监管约束，从而获取高额收益，因此影子银行的业务规模越来越大。随着这类隐性金融风险的集聚，有可能会发展出令监管机构始料未及的金融危机，如果监管机构对商业银行所隐藏的风险无法作出及时且准确的判断，很有可能延误"救市"的时机。

2）商业银行监管套利弱化了监管机构对金融风险的约束作用

商业银行的金融创新被异化为监管套利，虽然表面上监管指标良好，但实际情况截然相反。例如，2008年金融危机初期，商业银行的资本充足率普遍很高，但不能代表银行的资本充足性良好这样的事实。商业银行的监管套利使监管机构对银行真实的业务情况、运营情况和资本情况等形成了误导，致使监管机构的监管处于"黑暗"之中，其所制定的监管政策滞后于商业银行的监管套利，导致监管的有效性大打折扣。

3）商业银行监管套利提高了系统性风险

当商业银行监管套利时，对资产真实情况的信息披露很少，外界很难得知商业银行的真实风险情况。众多商业银行尝到了监管套利的"甜头"，纷纷开展影子银行业务，这些隐藏的金融风险不断累积，其至外溢，最终导致整个金融系统岌岌可危。商业银行业务与其他金融机构之间相互牵扯，一旦某一环节出现问题，很有可能导致系统性风险的爆发。

综上所述，商业银行监管套利给金融系统造成了严重的破坏。更为严重的是，商业银行监管套利所产生的危害具有长期性。因为监管属于制度的一种，无法做到朝令夕改，自然无法像资产价格一样随时变动，以减少套利空间，所以金融监管制度的完善总是滞后于商业银行监管套利的发生，最终商业银行监管套利的长期危害会对金融系统造成更大的破坏。

3.4.2 商业银行监管套利的治理对策

1）提高信息披露标准

商业银行在监管套利时，资产透明度下降，监管机构无法掌握银行真实的资产情况和风险情况。提高商业银行资产透明度，需要建立更为明确的信息披露制度，监管机构对商业银行的信息掌握得越全面，对商业银行监管套利的约束性就越强。

2）增强原则导向监管

商业银行通过金融创新进行监管套利，致使商业银行的业务越来越复杂，以往的规则导向监管总是滞后于商业银行的金融创新。而原则导向监管具有更强的灵活性，可以根据商业银行的金融创新，快速制定出相应的监管政策，让监管机构摆脱了"围追堵截"的监管方式。

3）缩小监管制度差异

在"混业经营，分业监管"的模式下，各监管机构的监管目标、监管理念、监管可操作性都存在差异性，会导致监管重叠或监管真空，商业银行会利用监管重叠或监管真空进行监管套利。如果通过设立统一的监管部门或者加强各监管部门之间的合作，监管目标会更加明确，监管理念会更加统一，监管的可操作性也会更强。

3.5 商业银行监管套利的理论基础

3.5.1 一价定律

国际商品交易的"一价定律"是指在国际贸易可以自由流通的前提下，某类商品在不同国家市场上的价格应该是相等的。这个定义主要涉及三个因素，即同质商品、价格和贸易品。其中，贸易品又可分为不可贸易品和可贸易品。对于不可贸易品，如服务或某些不动产，因其在国际市场中无法自由流动，即使在不同国家的销售价格有差异，也难以进行套利活动，一价定律并不适用。对于可贸易品，在自由竞争的市场上一种商品在不同国家销售，且在没有任何费用的条件下，如果采用同一种货币，则价格相等，如果采用不同种货币，即使利用汇率换算，最终价格也应该相等，如果汇率换算后的价格不相等，说明商品价格市场出现了不均衡。此时，商品交易商会利用价格差异不断进行套利，直至价格差异被消除，最终商品价格市场恢复均衡。商品价格套利是套利的原始阶段，所遵循的原理为一价定律，即利用同类商品的价格差异进行套利，可分为空间套利和时间套利，这两种套利形式都利用一价定律实现了商品在地理差异和时间差异上的套利。

随着金融市场的快速发展，在商品交易中广泛应用的一价定律也迎来了其自身局限性，因为一价定律主要针对同类商品，无法说明不同种类资产之间的套利或其他类别的套利，如制度套利等。因此，在一价定律的基础上，衍生出套利定价理论和净监管负担一价定律。

1）套利定价理论

套利定价理论可以对不同种类资产之间的套利进行分析。均衡和套利是现代经济学中两个重要的概念，且一价定律的思想贯穿其中，市场的均衡是建立在无套利基础上的，而套利行为是市场实现无套利均衡的手段。威廉·夏普等学者于1965年提出的资本资产定价模型（CAPM）与斯蒂芬·罗斯于1976年提出的套利定价理论（APT），二者的联系在于CAPM可看作是单指数的APT，属于APT的特例，而二者的区别在于CAPM强调的是供求均衡，即这种均衡是大量市场参与者的共同结果，而APT强调的是无套利均衡，是以一价定律为基础的，即只要少数套利者发现资产价格的差异，就可以进行套利，从而达到市场均衡。但无论什么类型的套利，都是建立在市场非均衡基础上的，一旦不存在非均衡的条件，套利活动就会戛然而止。

2）净监管负担一价定律

净监管负担一价定律对制度套利进行了分析。制度套利贯穿于套利的历史发展中。在商品套利阶段，企业主要面对税收的约束，因此当时的制度套利主要以税收套利为主，即企业可将经营业务转移至税收较少的辖区。在金融资产套利阶段，银行等金融机构不仅要面对像企业一样的税收制度，还要面对各项专门针对银行业的制度，如资本制度、利率制度和存贷款制度等。对于银行等金融机构，监管成为像税收一样的"负担"，因此净监管负担一价定律成为研究商业银行监管套利运行的一个重要理论分支。当商业银行进行相关交易时，在一系列监管约束中存在不同净监管负担的交易策略，说明存在套利机会，因此商业银行通过选择净监管负担较小的交易策略进行监管套利，如果在这一系列监管约束中交易策略的净监管负担都是相同的，说明不存在套利机会，因此商业银行也无须进行监管套利，这就是净监管负担一价定律（董红苗，2003；沈庆劼，2011）[61] [71]。

3.5.2　监管辩证理论

美国经济学家 Kane（1977，1978，1980，1981）[139]－[142] 利用美国银行数据，重点研究了金融创新和金融监管的动态关系，通过建立"斗争模型（struggle model）"，描述了监管者和被监管者之间"不断斗争"的辩证关系。Kane 认为银行监管在本质上属于税负，如存款准备金制度、资本监管或贷款规模限制等约束条件阻碍了商业银行的盈利活动，因此商业银行有强烈的动机通过金融创新实现利润的增长，可见金融监管就是金融创新的重要原因。Kane 从动态的角度看待金融监管的主体和客体，不仅可以对现实的金融监管问题作出合理解释，还可以更好地解释未来发生的问题。动态金融监管理论利用黑格尔的辩证法，将金融监管理论和辩证法结合起来，形成新的金融监管理论，即监管辩证理论。监管机构与金融机构的辩证关系可以表述为：监管机构监管—金融机构逃避监管—监管机构进行监管改革—金融机构再次逃避监管。监管机构对金融机构的监管以及金融机构所作出的决策都会受到多种因素的影响，如目标、市场环境、技术和监管方向的变化等，因此监管机构和金融机构处在互相博弈的过程中，双方会根据对方决策的变化作出相应的调整。

虽然监管辩证理论考察了监管机构和金融机构的动态变化关系，在一定程度上反映了监管机构和金融机构互相博弈的过程，但依然存在不足，即监管辩证理论假设监管部门的监管是为了满足金融机构监管需求而产生的，这种被动关系的假设具有一定的局限性。

3.5.3　不完全契约理论

契约是指双方当事人之间的一种协议，在法律中可称其为"合同"，但经济学中的契约概念要比法律中的"合同"更为广泛。所有市场中的交易，无论是长期或短期的，还是显性或隐性的，都可以视为契约。契约理论按照研究方法的不同，可分为完全契约理论和不完全契约理论。完全契约理论是由信息经济学发展而来的，信息经济学放宽了古典经济学完全信息的假设。完全契约理论认为可以规定各种状态下经济当事人的权利和义务，即便存在信息不对称，也可以通过合理的机制设计达到激励相容，从而规避道德风险和逆向选择。不完全契约理论是由新制度经济学发展而来的，新制度经济学放宽了古典经济学交易成本为零的假设。不完全契约理论认为并不能规定各种状态下经济当事人的权利和义务，重点考察了不同制度对经济当事人的影响，并从两条主线发展成不完全契约理论，即交易成本经济学和产权理论（蒋媛媛和李雪增，2014）[143]。

交易成本经济学认为契约在形成之时，面临两个问题：一是经济当事人是有限理性的；二是契约存在交易成本。如果经济当事人是有限理性的，那么契约不会将双方的权利和义务规定清晰。由于签订完全契约存在高额的交易成本，因此签订完全契约的可能性也异常之低。产权理论对交易成本经济学进行了批判，以GHM模型为代表，即奥利弗·哈特、桑福德·格罗斯曼和约翰·穆尔对契约理论进行了20多年的研究，创立了企业不完全契约的理论分析框架，奥利弗·哈特还因此获得了2016年诺贝尔经济学奖。GHM模型认为契约存在交易成本，但根本原因并不是有限理性假设。契约主要存在三个成本：一是经济当事人并不能预见未来所有可能发生的情况，属于预见成本；二是即使经济当事人预见了未来可能发生的情况，也无法采用双方满意的语言写入契约，属于缔结成本；三是即使经济当事人将未来可能发生的情况都写入契约，第三方（如法院）很难对契约中的内容加以证实，属于证实成本（Hart，1995）[144]。GHM模型从交易成本阐述了契约的不完全性。

不完全契约理论在很多领域都有应用，由于监管制度本身属于契约的一种且存在监管成本，因此不完全契约理论可以很好地解释金融监管制度的漏洞以及商业银行的监管套利，正是因为金融监管作为契约存在不完全性，所以这种天然的漏洞给了商业银行监管套利的机会。Fleischer（2010）[70]认为监管制度存在不完全性，其无法对交易的经济实质给出足够精确的界定，导致监管制度对交易的认定与交易的经济实质之间存在差异。沈庆劼（2011）[71]认为监管本质上是一种强制性契约，契约的不完全性同样适用于监管，而防止商业银行监管套利的关键就是重新配置剩余控制权的问题。崔琳等（2019）[145]通过建立一个不完全契约模型，来分析金融监管模式的选择问题，认为在金融监管中关于物质资产的归属权作用并不突出，而事前"监管标准制定权"的归属能有效决定监管组织模式，最终得出统一监管是最优的金融监管组织模式。

3.6　小结

本章首先从套利和监管套利的定义出发，从商业银行监管套利的动机、实现条件和后果三个方面进行分析，发现逐利是商业银行监管套利的动机、金融监管漏洞是商业银行监管套利的实现条件，以及商业银行监管套利所引发的不良后果要比其他套利更为严重。除此之外，三者之间相互联系，主要表现在：逐利始终是商业银行的本性，如果金融监管没有漏洞，商业银行则难以实现监管套利；一旦金融监管存在漏洞，商业银行在逐利动机的驱使下会进行疯狂的监管套利；而金融监管作为一种制度，无法做到朝令夕改，因此商业银行监管套利的长期性必然会对金融系统造成更为严重的破坏。其次，本章总结了商业银行监管套利的理论基础，包括一价定律、监管辩证理论和不完全契约理论。

4

资本监管与商业银行监管套利关系研究

本章依托上一章商业银行监管套利的分析框架，从商业银行监管套利的动机、实现条件和后果这三个方面，分析了资本监管与商业银行监管套利的关系，即资本监管压力对商业银行监管套利的影响、资本监管漏洞对商业银行监管套利的影响及商业银行监管套利对资本监管有效性的影响，最后构建了包含商业银行、监管机构、存款客户和企业部门的四阶段动态博弈模型进行相关的数理验证。

4.1 资本监管对商业银行监管套利的影响

4.1.1 资本监管压力影响了商业银行监管套利

资本监管压力是指当商业银行真实的资本水平低于最低资本监管要求时，监管机构会强化对商业银行的监管，甚至会限制商业银行的某些经营行为，在这个过程中，资本监管对商业银行产生了强烈的约束力。对监管压力的衡量，Shrieves 和 Dahl（1992）[7] 率先采用概率方法衡量监管压力，当商业银行资本水平低于最低资本监管要求时，监管压力设定为 1，否则设定为 0。Jacques 和 Nigro（1997）[16] 扩展了 Shrieves 和 Dahl（1992）[7] 的概率方法，认为监管压力的变量应该反映出以风险为基础的资本变化，因此监管压力被设置为商业银行资本水平的倒数与最低资本监管要求的倒数之差，即当商业银行资本水平低于最低资本充足率 8% 时，监管压力为商业银行资本水平的倒数与 8% 的倒数之差，否则监管压力为 0。Ediz 等（1998）[146] 设定预警线为在最低资本监管要求基础上加商业银行资本水平的一个标准差，当没有超过这个预警线时，监管压力设定为 1，否则设定为 0。Rime（2001）[147] 定义超额资本为商业银行资本水平与最低资本监管要求的差值，当超额资本不大于超额资本的一个标准差时，监管压力设定为

1，否则设定为0。

根据一些学者的研究，资本监管会带来惩罚监管压力和预警监管压力（Rime，2001；朱建武，2006；梁伟森和程昆，2021）[147]-[149]。惩罚监管压力是指商业银行真实的资本水平低于最低资本监管要求时，商业银行会面临监管机构的惩罚，此时商业银行的资本监管压力最大。预警监管压力是指商业银行真实的资本水平高于最低资本监管要求，包括资本缓冲比较小的预警监管压力和资本缓冲比较大的预警监管压力。资本缓冲比较小的预警监管压力是指，当商业银行真实的资本水平接近临界线时，资本缓冲比较少，商业银行的资本监管压力比较大。资本缓冲比较大的预警监管压力是指，当商业银行真实的资本水平大幅度高于临界线时，资本缓冲比较多，商业银行的资本监管压力比较小。商业银行监管套利的动机是为了逐利，而资本监管压力会影响商业银行的获利能力（杨新兰，2018）[108]，进而会影响商业银行的监管套利，具体分为以下几种情况：

情况1：当商业银行资本水平低于最低资本监管要求时，由于资本水平长期不达标会受到监管机构的严厉惩罚，甚至会失去金融牌照，此时商业银行面临的惩罚监管压力非常大，优先要做的事情就是尽快提高资本充足性水平。对于保守型商业银行来说，它可以通过提高资本金或降低风险加权资产比例来满足资本监管；对于冒险型商业银行来说，为了在几乎不降低实际风险的情况下降低风险加权资产比例或在增加实际风险的情况下不增加风险加权资产比例，此时商业银行会通过监管套利来满足资本监管要求。

情况2：当商业银行资本水平高于最低资本监管要求并相接近时，商业银行面临较大的预警监管压力，此时商业银行的行为会比较复杂。如果商业银行是保守型的，会比较担心自身资本水平跌落至最低资本监管要求以下，此时商业银行会谨慎地监测自身资本金及风险加权资产比例，扩充资本补充渠道，及时地补充商业银行资本。如果商业银行是冒险型的，为避免资本水平不会跌落至最低资本监管要求以下，其所采取的办法为：一是商业银行充分利用已知的信息优势投资高风险资产，利用高风险资产所带来的高收益弥补资本金的空缺；二是商业银行通过监管套利维持现有资本水平的稳定性；三是商业银行利用监管套利得到的额外收入不断地进行资本补充。

情况3：当商业银行资本水平远远高于最低资本监管要求时，一方面说明商业银行缓冲资本较多，面临的预警监管压力很小；另一方面说明商业银行的实力强劲，在金融领域有一定的地位，注重自身声誉。商业银行为追求高额利润，可以投资高风险资产以期获得高收益，即便高风险资产投资失败，商业银行也有充足的缓冲资本覆盖损失；商业银行也可以通过监管套利的方式投资高风险资产，但这种规避监管的经营方式可能会受到监管机构的严厉打击，甚至带来一定的声誉风险。

4.1.2 资本监管漏洞为商业银行监管套利提供了空间

根据不完全契约理论，契约具有不完全性，即契约无法对交易的经济实质作出足够精确的界定，导致交易的认定与交易的经济实质之间存在差异（Fleischer，2010；沈庆劼，2011）[70] - [71]。而金融监管作为契约的一种类型，也存在不完全性，这种天然的漏洞给银行提供无尽的监管套利空间。从1988年《巴塞尔协议Ⅰ》提出资本监管以来，资本监管就对银行的冒险行为形成了一定的约束力，而银行为获取高额利润，不断寻找资本监管漏洞，利用金融创新工具进行监管套利。可以说，《巴塞尔协议》的每一次升级都有银行监管套利的身影，巴塞尔银行监管委员会不断修补资本监管漏洞，虽然资本监管漏洞无法完全消除，但监管机构可以尽可能地减少监管漏洞，缩小银行监管套利的空间，从而维护金融系统的稳定性。

1）《巴塞尔协议Ⅰ》的资本监管漏洞

第一，对银行资产的风险权重，划分过于粗糙。《巴塞尔协议Ⅰ》对同类资产采用"一刀切"的做法，并不考虑同类资产的不同信用级别，例如对所有公司的贷款均采用100%的风险权重，却忽视了贷款对象的信用差异。这种划分方法并不能反映银行的真实风险，银行完全可以利用这个漏洞进行监管套利，即对高风险的信贷资产计提与低风险资产一样的资本。

第二，忽视了其他类别风险。《巴塞尔协议Ⅰ》更多关注的是信用风险，根据《巴塞尔协议Ⅰ》的要求，计算的信用风险越大，那么覆盖信用风险需要的资本就越多。但在现实中，银行除了信用风险，还面临着市场风险、操作风险和流动性风险等，如果只针对信用风险有资本计提要求，则银行可以利用风险转换的方式进行监管套利，例如将信用风险转化为市场风险，银行却不需要计提资本。

第三，资产证券化严重。随着金融创新的发展，银行为了逃避监管，利用资产证券化进行监管套利，即将表内低质量的资产通过资产证券化转出表外，可以降低银行整体风险权重，从而降低风险加权资产占比，但实际风险仍然存在，且没有相应的资本进行覆盖。对银行来说，节约了昂贵的资本；对监管机构来说，隐蔽的风险依然留在金融系统中，且没有相应的资本进行覆盖，不利于金融系统的稳定性。

2）《巴塞尔协议Ⅱ》的资本监管漏洞

第一，银行资本质量低，造成资本充足率虚高。《巴塞尔协议Ⅱ》规定短期次级债在一定条件下可计入银行的附属资本，由于短期次级债发行简单且易操作，这使其成为银行补充资本的重要方式。但2008年发生金融危机后，研究人员发现短期次级债并没有有效发挥资本吸收损失的功能，反而导致了资本充足率虚高的假象，使银行处于更大的风险之中。

第二，资本监管的亲周期效应更加明显。银行在发放贷款时，本身就具有亲周期性，即在经济上行期，银行会发放更多贷款；在经济下行期，银行会缩减贷款。《巴塞尔协议Ⅱ》中关于信用风险的内部评级法加剧了银行的亲周期性，即在经济上行期，企业的盈利能力很强，因此信用级别会升高，由于违约率降低，可轻易满足资本充足率要求，银行需要计提的资本就会减少，则银行会发放更多贷款，刺激经济进一步上行；在经济下行期，企业的盈利能力降低，因此信用级别会降低，由于违约率升高，为满足资本充足率要求，银行需要计提更多的资本，则银行会减少贷款的发放，导致经济进一步下行。

第三，监管机构过度关注资本充足率监管指标，忽视了其他关键指标。在 2008 年发生的金融危机中，当时的美国银行绝大多数都能满足资本充足率监管指标，但却无法清偿负债，最终导致破产。《巴塞尔协议Ⅰ》和《巴塞尔协议Ⅱ》将资本充足率作为黄金准则，认为银行只要满足资本充足率要求就能保证其稳健性，忽视了还有很多不利情况会导致银行的破产，因此需要补充其他关键指标，例如流动性指标可以衡量银行资产的流动性，杠杆率指标可以衡量银行的高杠杆情况等。

4.2 商业银行监管套利对资本监管的影响

根据文献综述的相关内容，资本监管的主要功能是防范风险和吸收损失，因此大多数学者在探究资本监管有效性时，对资本监管有效性的衡量多从狭义的角度考虑，即监管机构实施资本监管后，商业银行的风险承担水平有所降低，则说明达到了资本监管的目的。本书在之后探究商业银行监管套利对资本监管有效性的影响时，会从广义的角度考虑，不仅会考虑商业银行监管套利对商业银行风险承担的影响，还会考虑商业银行监管套利对商业银行盈利能力、宏观经济等方面的影响。

4.2.1 商业银行监管套利提高了商业银行的风险承担

很多学者认为美国银行的疯狂监管套利是 2008 年金融危机爆发的重要原因之一（Beltratti 和 Paladino，2016；郁芸君等，2021）[1]-[2]。从雷曼兄弟倒塌到之后一系列的连锁反应，美国监管机构未能采取有效措施解决危机的蔓延，对金融风险的大小及蔓延程度无法准确评估，这说明美国监管机构当时所采取的资本监管措施并没有发挥作用，银行的资本既没有做到在危机前把控风险，也没有做到在危机后吸收损失，导致风险不断积累并最终爆发，使监管机构也难以预料。商业银行监管套利所造成的破坏在于形成了隐性金融风险（郁芸君等，2021）[2]，这种风险的可怕之处在于不知风险藏于何处、不知风险积累到何种程度以及不知风险何时爆发，导致资本监管无法积极发挥作用。根据王喆和张明（2018）[150] 以及尹豪（2020）[151] 的相关研究，从商业银行监管套利到隐性金融风险的产生，大致经历三个阶段，即风险形成—风险转移—风险扩大，每个阶段的内容具体如下：

1）风险形成阶段

商业银行为了规避资本监管等相关规定，通过监管套利开展的这些业务并不在监管机构的监管范围之内，因此监管机构无法管控这类潜在的风险，隐性金融风险逐步形成。商业银行监管套利的途径主要包括以下内容：

第一，监管资本套利。提高资本充足率的最低标准意味着商业银行必须增加资本或降低风险加权资产比例，不管采用什么方法，商业银行的利润率都会降低。对商业银行来说，发行股票的成本很高，因此增加商业银行资本并不是首选；降低高风险资产比例会降低商业银行的预期收益，因此降低风险加权资产比例也不是商业银行愿意做的。商业银行为了达到资本监管要求，利用各种方式进行监管资本套利，例如资产证券化，它可以在几乎不降低实际风险的情况下降低风险加权资产比例或在增加实际风险的情况下不增加风险加权资产比例，从而"粉饰"资本充足率，其结果是商业银行用较少的资本支撑了巨大的高风险资产，使整个金融系统岌岌可危。Jones（2000）[152]最早研究了监管资本套利，提出欧美商业银行监管资本套利的模式主要有四种："摘樱桃"模式（cherry-picking）、保留部分追索权模式（partial-recourse）、远程发起模式（remote origination）及间接增信模式（indirect credit enhancement）。

第二，跨业监管套利。跨业监管套利是指在同一司法辖区内，由于不同监管机构之间存在监管制度差异，监管制度的不一致性或者冲突性都会给商业银行提供监管套利的机会，商业银行因此实现规避监管、获得超额收益的目的。目前，我国商业银行的经营特点是混业经营，但是我国的金融监管模式是分业监管，之前实施的"一行三会"的金融监管模式使我国银行业、保险业和证券业出现了监管内容分割的状态，致使金融监管存在监管重叠和监管真空的现象。针对跨业监管套利，主要解决办法之一是消除监管差异。

第三，跨境监管套利。跨境监管套利是相对跨业监管套利而言的，它是指在不同司法辖区内，例如国家之间或地区之间存在制度差异，商业银行可以选择监管比较薄弱的辖区进行经营活动。蒋为等（2020）[76]认为中资商业银行在国际化的过程中，在商业银行与东道国之间以及商业银行总部与分支机构之间存在监管套利，承担了更多的风险。跨境监管套利最大的危害是容易产生监管竞次问题，监管竞次是指各个国家或地区为了吸引更多的金融资源，监管机构会主动放松监管，进而形成监管空白，商业银行从监管空白的地方获得更多获益的机会。当监管竞次和跨境监管套利相互作用时，会形成棘轮效应，该辖区的监管水平会越来越宽松，金融环境恶化会越来越严重。对于跨境监管套利的解决办法，刘凤元和邱铌（2022）[153]认为跨境监管套利产生的原因是监管制度的差异性和法律的不完备性，消除国家之间监管制度的差异性是不现实的，因此唯有完善法律、加强国际合作才具有现实意义。

2）风险转移阶段

国内和国外银行监管套利模式不同，因此其风险转移模式也不相同。根据李鹏（2017）[80]的研究，国内银行监管套利模式主要是将高风险的信用资产转移到资产负债表外，将风险传递给证券公司或保险公司等，这种隐秘的高风险存在于整个金融市场之中；国外银行监管套利的主要方式是资产证券化，即将表内低质量的信贷资产通过资产证券化转出表外，信贷资产的风险就会被细化分割，通过出售给特殊目的实体获利，信贷风险最终分散到不同风险偏好的证券投资者手中。对银行来说，这两种办法都达到了降低风险加权资产占比的目的，达到了资本充足率监管标准，但实际的风险依然存在。不管是国外还是国内，银行虽然通过监管套利逃避了监管，但这些隐匿的风险并没有消散，而是通过转移隐藏在整个金融系统之中，且没有相应的资本进行风险覆盖，就像一个定时炸弹一样随时会爆发。

3）风险扩大阶段

商业银行风险在其高杠杆和高关联性的作用下被扩大，商业银行的高杠杆经营特点提高了商业银行风险水平，商业银行的高关联性扩大了商业银行风险的传播范围。一方面，商业银行为了追求高额利润，更愿意通过高杠杆投资高风险、高收益的资产项目，当经济上行时，商业银行因为高杠杆投资会获得更多的收益；但当经济下行时，商业银行也会因为高杠杆投资受到更大的风险冲击，因此监管机构会制定各种监管政策防止商业银行的高杠杆行为。另一方面，商业银行发展至今，与证券公司、基金公司及保险公司等金融机构都存在紧密的业务往来，出现了"一荣俱荣、一损俱损"的局面，一旦商业银行出现危机，其产生的风险不仅在商业银行内部传播，还会扩展到整个金融系统。综上所述，商业银行的高杠杆和高关联性放大了金融风险，一旦风险蔓延到整个金融系统，所形成的系统性风险会给整个金融体系造成严重打击，如果系统性风险防范不成，可能会波及其他经济领域，最终引发局部经济危机，甚至是全球经济危机。

4.2.2　商业银行监管套利削弱了资本监管的有效性

从第 2 章内容可知，资本监管的有效性分析主要围绕三个方面：一是资本监管是否降低了商业银行风险承担或提高了商业银行稳健性；二是资本监管是否提高了商业银行的盈利能力；三是资本监管是否促进了宏观经济的发展。从上一节内容可知，在商业银行监管套利条件下，隐性金融风险在经历风险形成—风险转移—风险扩大之后，提高了商业银行的风险承担。关于商业银行监管套利对商业银行盈利能力以及宏观经济的影响，可从短期和长期进行分析。

商业银行面对逐步趋严的资本监管，在逐利动机的驱使下会进行监管套利。从短期看，商业银行利用资本监管的差异性或不协调性规避资本监管，通过监管主体转换、市场主体转换、业务形式转换、时间段转换和核算制度转换这五种模式获取超额利润（沈庆劼，2011）[71]，增加了商业银行利润，在一定程度上对宏观经济产生了正向影响；但从长期看，最终商业银行的盈利能力和宏观经济的发展，都与商业银行的风险承担息息相关，当商业银行监管套利所产生的隐性金融风险在经历转移和扩大之后，其极大的风险性对商业银行体系和宏观经济产生的破坏也是巨大的，例如2008年的金融危机。因此，不管是从狭义的角度看商业银行监管套利对商业银行风险承担的影响，还是从广义的角度看商业银行监管套利对资本监管对商业银行风险承担、商业银行盈利能力和宏观经济发展的影响，商业银行监管套利都在一定程度上降低了资本监管的有效性。

4.3 资本监管与商业银行监管套利关系的数理模型

上一节主要从三个方面探讨了资本监管与商业银行监管套利的关系，可知在资本充足率分母项的确定方面确实存在资本监管漏洞，这为商业银行监管套利提供了空间，商业银行可以通过监管套利"隐藏"信贷资产，从而"美化"资本充足率监管指标。本节在构建动态博弈模型时，在商业银行利用资本监管漏洞实现监管套利的前提下，重点研究两个方面：一是资本充足率和杠杆率对商业银行监管套利的影响；二是商业银行监管套利对资本监管有效性的影响，主要探究商业银行监管套利对商业银行风险承担的影响。

4.3.1 基本假设与模型设置

1）基本假设

该模型主要有四个基本假设：第一，如果商业银行加大对企业贷款监督的努力程度，就会提高贷款回收的可能性，这也从另一方面反映了商业银行的风险承担水平，即商业银行的监管努力程度越大，贷款回收的可能性越大，则商业银行的风险承担水平越低。其中，商业银行的监督努力程度可以用贷款回收成功的比例表示，商业银行的监督努力成本为凸函数，代表商业银行越来越难控制企业部门的行为。

第二，结合实际情况，商业银行的投资组合业务主要包括传统信贷业务和监管套利业务两个方面，对于监管套利业务，不管是国外的资产证券化业务还是国内的通道业务等，这些监管套利业务将各金融机构之间的联系变得紧密，更容易形成系统性风险。第三，商业银行的有限责任制度、存款保险制度及信息不对称等使商业银行具有道德风险，因此监管机构需要对商业银行进行监督，会产生一定的监管成本。第四，存款客户对商业银行的风险承担水平无法获知，只能通过商业银行的自有资本比例预测商业银行的风险承担水平。

2）模型设置

为构建包含商业银行、企业部门、监管机构和存款客户的数理模型，假定所有参与者均为风险中性，设置存款客户将资金存入商业银行，商业银行为企业部门提供贷款服务，为维护金融体系的稳定性，监管机构对商业银行进行监管。

商业银行：金融市场中共有 n 家风险中性的商业银行，对任意商业银行 i 而言，其资金来源包括两部分，一部分是存款人在商业银行的存款，用符号 D_i 表示；另一部分是商业银行的自有资金，用符号 K_i 表示。商业银行的资产投资业务是为金融市场中的企业部门提供贷款服务，用符号 L_i^s 表示，则有：$L_i^s = D_i + K_i$。商业银行的投资组合主要包括商业银行传统信贷业务和监管套利业务两个方面，假设商业银行 i 开展的投资业务不会违约的概率是 $q_i(0 \leq q_i \leq 1)$，则有以下区分：

对于传统信贷业务，商业银行的投资为 $(1 - \gamma_i)L_i^s$，其中 $1 - \gamma_i$ 为传统信贷业务的投资比例，且 $0 \leq \gamma_i \leq 1$；商业银行传统信贷业务的收益为 $(1 - \gamma_i)L_i^s q_i R_A$，其中 R_A 为传统信贷业务的收益率。与监管套利业务相比，传统信贷业务一直受到监管机构较为严格的监管，因此可视其为低风险资产，用 a 表示该类低风险资产的权重。

对于监管套利业务，商业银行监管套利业务更容易成为系统风险传播的渠道，故该类业务投资收益的违约概率将由系统内所有商业银行共同承担，即商业银行 i 投资该项目的收益还会受到其他商业银行 j 不违约概率 q_j 的影响，则商业银行监管套利业务的收益为 $\gamma_i L_i^s q_i q_j R_N$，其中 γ_i 为监管套利业务的投资比例，R_N 为监管套利业务的收益率（陈国进等，2021）[75]。商业银行监管套利业务容易引发系统性风险，因此视其为高风险资产，用 n 表示该类高风险资产的权重。

此外，商业银行 i 监督贷款的努力程度会提高企业还款的概率，因此可以将商业银行信贷资产不会违约的概率 q_i 看作商业银行的监督努力程度，由于商业银行监督贷款也是有成本的，则设置商业银行每单位贷款所付出的监督努力成本为 $c q_i^2 / 2$，其中 c 为监督努力成本参数，且 $c > 0$。除此之外，还有一项成本为商业银行自有资金的成本，与 Dell' Ariccia 等（2014）[154] 设置一致，设商业银行每单位自有资本的成本可表示为 $r_k = (r^* + \varepsilon)/q_i$，其中 r^* 为无风险利率，ε 为权益风险溢价，且 $\varepsilon \geq 0$。

企业部门：企业部门有投资项目需要向商业银行借款 L^d，资金来源有两部分：一类是通过商业银行的传统信贷业务获得资金；另一类是通过商业银行的监管套利业务获得资金，主要针对一些信贷资格并不达标的企业部门，但这类企业在信贷市场有广泛的资金需求，商业银行逐利的本性会促使其通过监管套利业务将资金流入信贷市场。企业部门的资金需求最终通过商业银行得以满足，从而达到 $L^d = L^s$。

监管机构：对于商业银行 i 来说，资本充足率为资本与加权资产的比值，即 $C_i^{real} = \dfrac{K_i}{a(1 - \gamma_i)L_i^s + n\gamma_i L_i^s} \geq C_{min}$，其中 C_{min} 表示监管要求的资本充足率最小值；杠杆率为资本与总资产的比值，即 $L_i^{real} = \dfrac{K_i}{L_i^s} =$

$\dfrac{K_i}{D_i + K_i} \geq L_{min}$，$L_{min}$ 表示监管要求的杠杆率最小值。而监管机构的目标是追求效用最大化，即社会福利最大化，它不光要保证商业银行正常赚取利润，促进金融健康有序发展，进一步支持实体经济，还要保护存款客户利益，维护金融体系的稳定性。

存款客户：如果存款客户资金可以得到完全保障，则存款利率等于无风险利率，即 $r_d = r^*$。目前虽然实施存款保险制度，但并不属于存款完全保险，存款客户依然面临商业银行无法还款的风险，因此商业银行会通过提高存款利率来弥补存款客户的风险承担水平。存款利率不再由存款人的机会成本决定，其大小会涉及商业银行的风险承担水平，假定存款人无法观察商业银行的风险承担水平，但可以通过观察商业银行实际杠杆率水平预期商业银行的风险承担水平，则存款客户的存款利率 $r_d = r^* / E(q_i | L_i^{real})$，其中 $E(q_i | L_i^{real})$ 为存款客户通过观察商业银行 i 的实际杠杆率水平 L_i^{real} 预期商业银行的风险承担水平为 q_i（李双建和田国强，2020）[155]。

4.3.2　构建四阶段动态博弈模型

根据上述设置，商业银行的预期利润函数为：

$$\pi_i = \left\{ q_i [(1 - \gamma_i) R_A + \gamma_i q_j R_N - (1 - L_i^{real}) r_d] - L_i^{real} r_k - c q_i^2 / 2 \right\} L_i^s \tag{4.1}$$

公式（4.1）中，$q_i [(1 - \gamma_i) R_A + \gamma_i q_j R_N - (1 - L_i^{real}) r_d]$ 代表商业银行成功收回贷款的净收益率，$L_i^{real} r_k$ 代表商业银行的资本管理成本，$c q_i^2 / 2$ 代表商业银行的监督努力成本。

监管机构追求社会福利最大化的问题可表述为：

$$\max U = \pi - d (1 - L_i^{real})^2 / 2 \tag{4.2}$$

$$\text{s.t } U \geq 0 \tag{4.3}$$

$$\pi \geq 0 \tag{4.4}$$

公式（4.2）中，$d\left(1 - L_i^{real}\right)^2/2$ 代表监管机构对商业银行进行资本监管的成本，$1 - L_i^{real}$ 代表商业银行负债与资产的比值，d 代表监管机构对金融稳定的关注程度（陈国进等，2021）[75]。公式（4.3）代表社会福利为正数。公式（4.4）代表商业银行预期利润为正数。

为构建包括商业银行、监管机构、存款客户和企业部门的四阶段动态博弈模型，其四阶段动态博弈过程具体为：在 $t = 0$ 阶段，监管机构解决的主要问题是社会福利最大化，本节在这个阶段分析了两种情况，一种是只有资本充足率监管要求的情况，另一种是存在资本充足率和杠杆率监管要求的情况。在给定商业银行 i 传统信贷业务收益率 R_A 和监管套利业务收益率 R_N 的情况下，监管机构决定最优资本监管要求。在 $t = 1$ 阶段，商业银行 i 根据最优资本监管要求，为实现利润最大化确定其最优监管套利投资比例 γ_i。在 $t = 2$ 阶段，存款客户形成对商业银行监督努力程度的预期 $E(q_i|L_i^{real})$，并在此基础上选择存款利率 $r_d = r^*/E(q_i|L_i^{real})$。在 $t = 3$ 阶段，商业银行 i 基于最优资本监管要求、最优监管套利业务投资比例 γ_i 以及存款利率 r_d，选择最优贷款监督努力程度 q_i。

4.3.3　模型求解与结论

动态博弈模型求解采用逆向归纳法，具体计算过程为：

1）t = 3 阶段

商业银行 i 基于给定的资本监管要求、监管套利业务投资比例 γ_i 以及存款利率 r_d，通过选择监督努力水平 q_i，即商业银行主动选择需要承担的风险水平来实现利润最大化，则商业银行 i 每单位贷款的预期利润函数为：

$$\max_{q_i} \pi_i = q_i\left[\left(1 - \gamma_i\right)R_A + \gamma_i q_j R_N - \left(1 - L_i^{real}\right)r_d\right] - L_i^{real}r_k - cq_i^2/2 \qquad (4.5)$$

为求得公式（4.5）的均衡解，需要对商业银行监督努力程度 q_i 求一阶导数，根据 $\frac{\partial \pi_i}{\partial q_i} = 0$，可知：

$$q_i^* = \min\left\{\frac{\left[\left(1 - \gamma_i\right)R_A + \gamma_i q_j R_N - \left(1 - L_i^{real}\right)r_d\right]}{c},\ 1\right\} \quad (4.6)$$

根据均衡状态下的对称解，化简公式（4.6）得到一阶条件：

$$q_i^* = \min\left\{\frac{\left[\left(1 - \gamma_i\right)R_A - \left(1 - L_i^{real}\right)r_d\right]}{c - \gamma_i R_N},\ 1\right\} \quad (4.7)$$

公式（4.7）中，当 $\gamma_i = 0$ 且 $L_i^{real} = 1$ 时，说明商业银行在没有监管套利业务和只有自有资本的情况下，即商业银行既不存在监管套利问题也没有外债偿还压力时，此时的最优解为 $\widetilde{q_i} = R_A/c$，由于 $0 \leqslant \widetilde{q_i} \leqslant 1$，还可知 $0 \leqslant R_A \leqslant c$。

公式（4.7）中，当 $\gamma_i \neq 0$ 且 $L_i^{real} = 1$ 时，说明商业银行在只有自有资本和拥有监管套利业务的情况下，$\widehat{q_i} = \left[\left(1 - \gamma_i\right)R_A\right]/\left(c - \gamma_i R_N\right)$。由于 $0 \leqslant \widehat{q_i} \leqslant 1$，还可知 $c > \gamma_i R_N$ 且 $c > R_N$。进一步对 γ_i 求导：

$$\frac{\partial \widehat{q_i}}{\partial \gamma_i} = \frac{-R_A(c - R_N)}{(c - \gamma_i R_N)^2} \leqslant 0 \quad (4.8)$$

由于 $\frac{\partial \widehat{q_i}}{\partial \gamma_i} \leqslant 0$，说明商业银行监管套利业务的比例越大，其风险水平越高。

2）t = 2 阶段

存款客户会预期商业银行风险承担水平，因而在均衡时 $q_i^* = E(q_i | L_i^{real})$ 成立。此时，存款客户的存款利率为 $r_d^* = r^*/q_i^*$，将存款利率 r_d^* 代入式（4.7）中，可以求得商业银行 i 的最优监督努力程度，即：

$$q_i^* = \frac{(1 - \gamma_i)R_A \pm \sqrt{(1 - \gamma_i)^2 R_A^2 - 4(c - \gamma_i R_N)(1 - L_i^{real})r^*}}{2(c - \gamma_i R_N)} \quad (4.9)$$

参照 Dell' Ariccia 等（2014）[154] 的设定，我们选取 q_i^* 较大的均衡值，则商业银行 i 的最优监督努力程度为：

$$q_i^* = \frac{(1 - \gamma_i)R_A + \sqrt{(1 - \gamma_i)^2 R_A^{\,2} - 4(c - \gamma_i R_N)(1 - L_i^{real})r^*}}{2(c - \gamma_i R_N)} \quad (4.10)$$

公式（4.10）中，令 $V = (1 - \gamma_i)^2 R_A^{\,2} - 4(c - \gamma_i R_N)(1 - L_i^{real})r^*$，并求导得：

$$\frac{\partial q_i^*}{\partial \gamma_i} = \frac{R_A(R_N - c)[\sqrt{V} + (1 - \gamma_i)R_A] - 2r^* R_N(1 - L_i^{real})(c - \gamma_i R_N)}{2(c - \gamma_i R_N)^2 \sqrt{V}} \quad (4.11)$$

公式（4.11）中，由于 $c > \gamma_i R_N$ 且 $c > R_N$，可知 $\dfrac{\partial q_i^*}{\partial \gamma_i} \leqslant 0$，商业银行风险承担水平随着监管套利业务比例的增加而上升，因此得到以下结论：

结论 1：商业银行监管套利业务比例越大，贷款项目回收成功率越低，则商业银行面临的风险承担水平越高。

3）$t = 1$ 阶段和 $t = 0$ 阶段

该阶段下的讨论主要分两种情况：一种是只有资本充足率监管要求的情况；另一种是存在资本充足率和杠杆率监管要求的情况。

第一，先讨论只有资本充足率监管要求的情况。对于商业银行 i 而言，需要达到资本充足率监管要求 C_{min}，则商业银行的实际杠杆率水平具体如下：

$$K_i = [a(1 - \gamma_i) + n\gamma_i]L_i^s C_{min} \quad (4.12)$$

$$L_i^{real} = \frac{K_i}{L_i^s} = [a(1 - \gamma_i) + n\gamma_i]C_{min} \quad (4.13)$$

将公式（4.13）代入公式（4.10）再求导，进一步计算可得：

$$\frac{\partial q_i^*}{\partial C_{min}} = \frac{r^*(a(1 - \gamma_i) + n\gamma_i)}{\sqrt{V}} \geqslant 0 \quad (4.14)$$

对于监管机构而言，其社会福利最大化的表达式如下：

$$\max_{C_{min}} U = q_i(1-\gamma_i)R_A + \left(\gamma_i R_N - \frac{c}{2}\right)q_i^2 - r^* - \varepsilon L_i^{real} - \frac{d\left(1-L_i^{real}\right)^2}{2} \tag{4.15}$$

为求得公式（4.15）的均衡解，需使 $\dfrac{\partial U}{\partial C_{min}} = 0$，经过整理可得：

$$\frac{\partial \gamma_i}{\partial C_{min}} = \frac{\left[\varepsilon - d\left(1-L_i^{real}\right)\right]\left[a(1-\gamma_i) + n\gamma_i\right]\left[2\sqrt{V}\left(c-\gamma_i R_N\right)\right]}{2\sqrt{V}q_i(c-\gamma_i R_N)(q_i R_N - R_A)}$$

$$+ \frac{r^*\left[\sqrt{V}\left(c-2\gamma_i R_N\right) - cR_A(1-\gamma_i)\right]}{2\sqrt{V}q_i(c-\gamma_i R_N)(q_i R_N - R_A)} \tag{4.16}$$

公式（4.16）中，由于 $\sqrt{V}\left(c-2\gamma_i R_N\right) - cR_A(1-\gamma_i) \leqslant 0$ 且 $c-\gamma_i R_N \geqslant 0$，上式正负情况的分辨可分为以下几种情形：

情形 1：若 $\varepsilon - d\left(1-L_i^{real}\right) \leqslant 0$，即 $\left[a(1-\gamma_i) + n\gamma_i\right]C_{min} \leqslant 1 - \dfrac{\varepsilon}{d}$，则分子不大于 0，可分为以下两种情况：

若 $q_i R_N - R_A < 0$，即 $q_i < \dfrac{R_A}{R_N}$，则 $\dfrac{\partial \gamma_i}{\partial C_{min}} \geqslant 0$，说明资本充足率越高，商业银行监管套利业务的比例越大。

若 $q_i R_N - R_A > 0$，即 $q_i > \dfrac{R_A}{R_N}$，则 $\dfrac{\partial \gamma_i}{\partial C_{min}} \leqslant 0$，说明资本充足率越高，商业银行监管套利业务的比例越小。

情形 2：若 $\varepsilon - d\left(1-L_i^{real}\right) \geqslant 0$，即 $\left[a(1-\gamma_i) + n\gamma_i\right]C_{min} \geqslant 1 - \dfrac{\varepsilon}{d}$，则分子正负都有可能，可分为以下四种情况：

若分子为负，当 $q_i R_N - R_A < 0$，即 $q_i < \dfrac{R_A}{R_N}$，则 $\dfrac{\partial \gamma_i}{\partial C_{min}} \geqslant 0$，说明资本充足率越高，商业银行监管套利业务的比例越大。

若分子为负，当 $q_i R_N - R_A > 0$，即 $q_i > \dfrac{R_A}{R_N}$，则 $\dfrac{\partial \gamma_i}{\partial C_{min}} \leqslant 0$，说明资本充足率越高，商业银行监管套利业务的比例越小。

若分子为正，当 $q_i R_N - R_A > 0$，即 $q_i > \dfrac{R_A}{R_N}$，则 $\dfrac{\partial \gamma_i}{\partial C_{min}} \geq 0$，说明资本充足率越高，商业银行监管套利业务的比例越大。

若分子为正，当 $q_i R_N - R_A < 0$，即 $q_i < \dfrac{R_A}{R_N}$，则 $\dfrac{\partial \gamma_i}{\partial C_{min}} \leq 0$，说明资本充足率越高，商业银行监管套利业务的比例越小。

由以上分析可得结论 2：在不同条件下，资本充足率监管对商业银行监管套利业务比例的影响不同。

第二，存在资本充足率监管和杠杆率监管的情况。对于商业银行 i 而言，需要达到资本充足率监管要求 C_{min} 及杠杆率监管要求 L_{min}，所需资本具体如下：

$$K_i = \left[a(1 - \gamma_i) + n\gamma_i \right] L_i^s C_{min} \tag{4.17}$$

$$K_i' = L_i^s L_{min} \tag{4.18}$$

如果 $\left[a(1 - \gamma_i) + n\gamma_i \right] C_{min} > L_{min}$，说明资本充足率所要求的资本大于杠杆率监管所要求的资本，以资本充足率监管要求为主，具体分析同上，则商业银行实际的杠杆率水平为：

$$L_i^{real} = \frac{K_i}{L_i^s} = \left[a(1 - \gamma_i) + n\gamma_i \right] C_{min} \tag{4.19}$$

如果 $\left[a(1 - \gamma_i) + n\gamma_i \right] C_{min} \leq L_{min}$，说明资本充足率所要求的资本小于等于杠杆率监管所要求的资本，以杠杆率监管要求为主，则商业银行实际的杠杆率水平为：

$$L_i^{real} = L_{min} \tag{4.20}$$

将公式（4.20）代入公式（4.10）再求导，进一步计算可得：

$$\frac{\partial q_i^*}{\partial L_{min}} = \frac{\dfrac{1}{2} \dfrac{1}{\sqrt{V}} \left[4(c - \gamma_i R_N) r^* \right]}{2(c - \gamma_i R_N)} = \frac{r^*}{\sqrt{V}} \geq 0 \tag{4.21}$$

对于监管机构而言，其社会福利最大化的表达式如下：

$$\max_{L_{min}} U = q_i(1 - \gamma_i)R_A + \left(\gamma_i R_N - \frac{c}{2}\right)q_i^2 - r^* - \varepsilon L_{min} - \frac{d(1 - L_{min})^2}{2} \tag{4.22}$$

为求得公式（4.22）的均衡解，需使 $\frac{\partial U}{\partial L_{min}} = 0$，经过整理可得：

$$\frac{\partial \gamma_i}{\partial L_{min}} = \frac{\left[\varepsilon - d(1 - L_{min})\right]\left[2\sqrt{V}(c - \gamma_i R_N)\right] + r^*\left[\sqrt{V}(c - 2\gamma_i R_N) - cR_A(1 - \gamma_i)\right]}{2\sqrt{V}\,q_i(c - \gamma_i R_N)(q_i R_N - R_A)}$$

$$\tag{4.23}$$

公式（4.23）中，由于 $\sqrt{V}(c - 2\gamma_i R_N) - cR_A(1 - \gamma_i) \leqslant 0$ 且 $c - \gamma_i R_N \geqslant 0$，上式正负情况的分辨可分为以下几种情形：

情形 1：若 $\varepsilon - d(1 - L_{min}) \leqslant 0$，即 $L_{min} \leqslant 1 - \frac{\varepsilon}{d}$，则分子不大于 0，可分为以下两种情况：

若 $q_i R_N - R_A < 0$，即 $q_i < \frac{R_A}{R_N}$，则 $\frac{\partial \gamma_i}{\partial L_{min}} \geqslant 0$，说明杠杆率越大，商业银行监管套利业务的比例越大。

若 $q_i R_N - R_A > 0$，即 $q_i > \frac{R_A}{R_N}$，则 $\frac{\partial \gamma_i}{\partial L_{min}} \leqslant 0$，说明杠杆率越大，商业银行监管套利业务的比例越小。

情形 2：若 $\varepsilon - d(1 - L_i^{real}) \geqslant 0$，即 $L_{min} \geqslant 1 - \frac{\varepsilon}{d}$，则分子正负都有可能，可分为以下四种情况：

若分子为负，当 $q_i R_N - R_A < 0$，即 $q_i < \frac{R_A}{R_N}$，则 $\frac{\partial \gamma_i}{\partial L_{min}} \geqslant 0$，说明杠杆率越大，商业银行监管套利业务的比例越大。

若分子为负，当 $q_i R_N - R_A > 0$，即 $q_i > \frac{R_A}{R_N}$，则 $\frac{\partial \gamma_i}{\partial L_{min}} \leqslant 0$，说明杠杆率越大，商业银行监管套利业务的比例越小。

若分子为正，当 $q_i R_N - R_A > 0$，即 $q_i > \frac{R_A}{R_N}$，则 $\frac{\partial \gamma_i}{\partial L_{min}} \geqslant 0$，说明杠

杆率越大，商业银行监管套利业务的比例越大。

若分子为正，当 $q_i R_N - R_A < 0$，即 $q_i < \dfrac{R_A}{R_N}$，则 $\dfrac{\partial \gamma_i}{\partial L_{min}} \leq 0$，说明杠杆率越大，商业银行监管套利业务的比例越小。

由以上分析可得结论3：在不同条件下，杠杆率监管对商业银行监管套利业务比例的影响不同。

第三，特殊情况。当商业银行全部用自有资金发放贷款时，将商业银行杠杆率设定为1，即 $L_i^{real} = 1$，则监管机构和商业银行目标一致，都为商业银行利润最大化，分析过程如下：

$$\pi_i = \frac{c(1 - \gamma_i)^2 R_A{}^2}{2(c - \gamma_i R_N)^2} - (r^* + \varepsilon) \tag{4.24}$$

商业银行为追求利润最大化，利用 $\dfrac{\partial \pi_i}{\partial \gamma_i} = 0$，得到以下表达式：

$$\frac{\partial \pi_i}{\partial \gamma_i} = \frac{cR_A{}^2(1 - \gamma_i)(R_N - c)}{(c - \gamma_i R_N)^3} = 0 \tag{4.25}$$

公式（4.25）中，可知当 $\gamma_i^* = 1$ 时，商业银行达到了利润最大化，即商业银行的资金来源都为自有资金时，商业银行为追求利润最大化，会将全部资金用于监管套利业务。

综上所述，通过构建四阶段动态博弈模型发现：一是在不同条件下，资本充足率监管和杠杆率监管对商业银行监管套利产生不同的影响；二是商业银行监管套利增加了商业银行风险承担。

4.4　小结

本章以商业银行监管套利的分析框架为基础，从商业银行监管套利的动机、商业银行监管套利的实现条件以及商业银行监管套利的后果这三个方面探究资本监管与商业银行监管套利的关系，发现：第一，从商业银行监管套利的动机出发，随着资本监管的趋严，资本充足率监管和杠杆率监管会增加商业银行的净监管负担，这种监管压力影响了商业银行监管套利的动机。第二，从商业银行监管套利的实现条件出发，一系列《巴塞尔协议》发布以后，以资本充足率为核心的资本监管就饱受诟病，尤其是关于资本充足率分母项的确定方面，其存在的漏洞为商业银行监管套利提供了空间。第三，从商业银行监管套利的后果出发，资本监管的有效性多数从风险角度衡量，因此商业银行监管套利对资本监管有效性的影响可表述为商业银行监管套利对商业银行风险承担的影响，商业银行监管套利促使商业银行风险在经历了风险形成、风险转移和风险扩大三个阶段后，逐步削弱了资本监管的有效性。通过构建四阶段动态博弈模型，在商业银行利用资本监管漏洞实现监管套利的前提下，重点研究了资本监管对商业银行监管套利的影响和商业银行监管套利对资本监管有效性的影响，发现：第一，不同条件下，资本充足率监管和杠杆率监管对商业银行监管套利产生不同的影响；第二，商业银行监管套利增加了商业银行风险承担。

5

我国资本监管约束下的商业银行监管套利事实描述

我国资本监管制度从无到有大致分为四个阶段，即 1994—2003 年的资本监管探索时期、2004—2007 年的资本监管形成时期、2008—2015 年的资本监管强化时期及 2016 年至今的资本监管深化时期。在不同资本监管时期，我国商业银行监管套利也经历了不同的发展阶段，因此本章重点对不同资本监管时期的我国商业银行监管套利情况进行分析和评价。

5.1 我国资本监管发展历程

5.1.1 1994—2003 年的资本监管探索时期

1994 年以前，我国并不存在真正意义上的商业银行，此时的商业银行是隶属于中国人民银行的行政部门，因此金融监管比较简单，资本监管更无从可谈。1994 年，国家开发银行、中国农业发展银行和中国进出口银行，这三个政策性银行先后成立，承接了中、农、工、建四大行在外汇、农村、工商企业和基础建设领域的政策性业务，实现了我国商业银行政策性金融与商业性金融的分离。中国人民银行参考《巴塞尔协议 I》，发布了《商业银行资产负债比例管理考核暂行办法》，首次提出我国商业银行资产负债管理的首要监测指标为资本充足率，其比率不得低于 8%，这标志着我国商业银行逐步市场化，将根据其自有资金的多少承担相应的有限责任，不再由政府承担无限责任。1995 年，随着《中华人民共和国商业银行法》的颁布，我国第一次以法律形式规定商业银行资本充足率不得低于 8% 的最低标准，但由于当时并没有建立相应的惩罚机制，资本监管只是一种软约束，该项规定对未达标的商业银行并没有造成实质性影响。2001 年，我国加入世界贸易组织（WTO），相关条例规定在

2006年过渡期结束后，我国需要逐步开放金融市场。因此，为面对未来国外银行的竞争压力，我国亟须建立与实施国际社会普遍认可的资本监管制度。

1992年中国证券监督管理委员会（以下简称中国证监会）成立、1998年中国保险监督管理委员会（以下简称中国保监会）成立和2003年中国银监会成立，标志着我国金融监管进入了专业化监管时代，即"分业经营、分业监管"，自此我国金融行业开始实施"一行三会"的分业监管模式。

5.1.2　2004—2007年的资本监管形成时期

中国银监会于2004年发布《商业银行资本充足率管理办法》，初步形成了以资本监管为核心的微观审慎监管框架，主要以《巴塞尔协议Ⅰ》为基础，明确规定了我国商业银行资本充足率不得低于8%且核心资本充足率不得低于4%。除此之外，还涉及商业银行资本充足率的监督检查办法及信息披露等要求，这些措施进一步提高了资本监管的可实施性。2005年，中国银监会发布《商业银行监管评级内部指引》，鼓励国有大型商业银行或股份制商业银行利用内部评级法进行资本监管，其中一项评级标准即商业银行的资本充足状况。2006年，中国银监会对《商业银行资本充足率管理办法》进行修正，按照资本充足情况将商业银行分为三类：资本充足率达到8%且核心资本充足率达到4%被称为资本充足；资本充足率低于8%或核心资本充足率低于4%被称为资本不足；资本充足率低于4%或核心资本充足率低于2%被称为资本严重不足；对不达标的商业银行将进行整改或撤销。2007年，中国银监会发布《中国银行业新资本协议实施指导意见》，以法律的形式确认了《巴塞尔协议Ⅱ》在我国的适用效力，并将商业银行分为新资本协议银行和其他银行两大类，分别实施不同的资本监管政策。

5.1.3　2008—2015年的资本监管强化时期

2008年金融危机的发生更加坚定了我国金融改革的步伐，我国于2009年正式加入了巴塞尔银行监管委员会，积极参与到国际金融改革的队伍中。2011年，《银监会关于中国银行业实施新监管标准的指导意见》发布，旨在提高资本充足率、杠杆率、流动性、贷款损失准备等方面的监管标准，提高银行等金融机构的风险抵御能力。为补充杠杆率监管指标，中国银监会于2011年发布《商业银行杠杆率管理办法》，首次引入不具有风险敏感性的杠杆率监管指标，其标准为不低于4%。2012年，中国银监会发布《商业银行资本管理办法（试行）》，即"中国版巴塞尔协议Ⅲ"，不仅与国际监管标准接轨，还兼顾了国内金融环境，形成了我国资本监管的新框架。在资本监管方面，主要内容包括以下几个方面：第一，提高了资本充足率的监管标准，例如核心一级资本充足率不得低于5%、一级资本充足率不得低于6%及资本充足率不得低于8%。第二，计提留存资本缓冲和逆周期资本缓冲，留存资本缓冲要求为风险加权资产的2.5%，逆周期资本缓冲要求为风险加权资产的0～2.5%，这些全部由核心一级资本满足。第三，国内系统重要性银行附加资本要求为风险加权资产的1%，由核心一级资本满足。可以看出，核心一级资本充足率比《巴塞尔协议Ⅲ》高出0.5%，那就意味着核心一级资本在总资产中的占比不低于71%，高于《巴塞尔协议Ⅲ》要求的67%，资本监管标准更加严格。2015年，中国银监会发布《商业银行杠杆率管理办法（修订）》，进一步完善了我国商业银行杠杆率监管的政策框架。

5.1.4　2016年至今的资本监管深化时期

2016年央行将现有的"差别准备金动态调整和合意贷款管理机制"升级为"宏观审慎评估体系"（Macro Prudential Assessment，MPA），资本充足率依然是评估体系的核心内容。2008年金融危机发生以来，国际监管组织不断调整资本监管标准，强调银行业要增加资本补充的渠道，目的在于提高银行资本的损失吸收能力。随着我国商业银行资产规模的持续增长，多家商业银行的系统重要性特征越发明显，因此资本补充压力也逐步增大。目前，我国已有五家国有大型商业银行进入全球系统重要性银行名单，还有一些商业银行已是国内系统重要性银行，甚至在未来可能会成为全球系统重要性银行，因此亟须补充资本。

2018年1月，中国银监会、中国人民银行、中国证监会、中国保监会和国家外汇管理局联合发布《关于进一步支持商业银行资本工具创新的意见》，支持商业银行通过多种渠道补充资本。2018年11月，中国人民银行、中国银保监会以及中国证监会联合发布《关于完善系统重要性金融机构监管的指导意见》。2020年12月，中国人民银行和中国银保监会联合发布《系统重要性银行评估办法》。2021年9月，中国人民银行和中国银保监会联合发布《系统重要性银行附加监管规定（试行）》。这一系列政策法规的实施，初步建立起我国国内系统重要性银行的监管体系。2021年10月，中国人民银行、中国银保监会和财政部联合发布《全球系统重要性银行总损失吸收能力管理办法》，构建起我国的总损失吸收能力（TLAC）监管框架。这一系列举措不仅有利于增强我国全球系统重要性银行的损失吸收能力、提高金融系统的稳定性，还将鼓励我国商业银行创新开发总损失吸收能力所要求的债务工具，从而丰富我国的债券品种，进一步完善资本市场。

2022年4月，中国人民银行、中国银保监会联合发布《关于全球系统重要性银行发行总损失吸收能力非资本债券有关事项的通知》，在我国正式推出创新型的TLAC非资本债券，不仅拓宽了国内系统重要性银行的TLAC资本补充渠道，还促进了资本市场的发展。

5.2　我国不同资本监管时期的商业银行监管套利情况

5.2.1　2004—2007年我国商业银行监管套利情况

1994—2003年，我国商业银行在这段时期的业务比较简单，主要以传统的存贷业务为主，而存款市场和贷款市场在各方面发展都相对稳定，因此我国商业银行大规模的监管套利几乎不存在。

2000年9月，中国人民银行对外币存款利率进行改制，放松了大额外币存款利率，在利率市场化改革的大背景下，国内商业银行开始纷纷效仿国外理财业务。2004年2月，光大银行推出"阳光理财A计划"，即国内第一款外币理财产品；2004年9月，光大银行推出"阳光理财B计划"，即国内第一款人民币理财产品，主要投向为央行票据等。由于央票利率高于同期存款利率，该类理财产品广受客户青睐，因此其他商业银行也开始效仿，纷纷推出人民币理财产品，最终以央票为标的物的银行理财市场初步形成。2005年，中国银监会为规范我国商业银行理财业务，发布《商业银行个人理财业务管理暂行办法》和《商业银行个人理财业务风险管理指引》，标志着我国商业银行理财业务正式开启。2005年之后，随着货币政策逐步宽松，央票利率不断下行，因此以央票为标的物的理财产品不再适宜，这对银行理财产品的投向提出了挑战。面对资本充足率、存贷比以及行业投向等方面的限制，我国商业银行亟须寻找新的投资渠道。

5.2.2 2008—2015年我国商业银行监管套利情况

2008年金融危机发生以来，我国的经济刺激计划促使实体经济的信贷需求增加，尤其是房地产行业、基建行业和政府融资平台等。由于我国商业银行受到资本充足率、存贷比以及行业投向多方面的制约，为了在如此大的资金需求中获利，其逐利本质促使我国商业银行借用通道大规模地发放贷款，因此银信合作、银证合作、银基合作、银保合作、银行间合作等方式如雨后春笋般地发展起来。

1）银信合作

银信合作模式指我国商业银行与信托公司合作，实现了信贷资产"出表"的目的，但信托公司并没有承担实质风险，还赚取了没有风险的通道费用。银信合作模式主要包括信贷资产转让模式、信托贷款模式和信托受益权转让模式。

（1）第一种：信贷资产转让模式（商业银行成立信托计划）

2008—2009年，信贷资产转让模式是银信合作的主要模式，包括完全卖断和承诺回购两种情形。完全卖断的具体操作流程如图5-1所示，具体为：首先，商业银行A向融资企业发放贷款；其次，商业银行A为满足流动性要求，将融资企业未到期的信贷资产转让给信托公司，并成立信托计划；最后，商业银行B将募集到的理财资金购买信托公司的信托计划。最终，商业银行A实现了将信贷资产转移给商业银行B的目的，二者在会计记账上都不占用贷款额度。

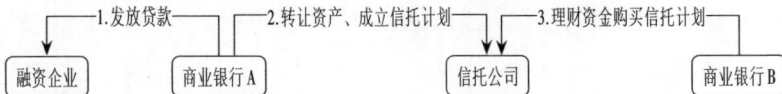

图5-1 信贷资产转让模式：完全卖断

资料来源：根据相关文献整理而得。

承诺回购的具体操作流程如图5-2所示，具体为：首先，商业银行A向融资企业发放贷款；其次，商业银行A为满足流动性要求，将融资企业未到期的信贷资产转让给信托公司，并成立信托计划；最后，商业银行A将募集到的理财资金购买信托公司的信托计划。最终，商业银行A实现了信贷资产"出表"的目的，在会计记账上并不占用贷款额度。

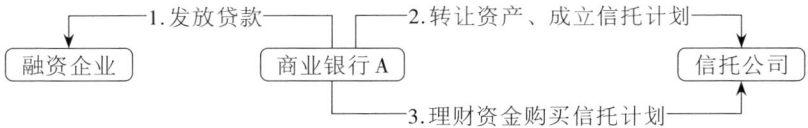

图5-2　信贷资产转让模式：承诺回购

资料来源：根据相关文献整理而得。

（2）第二种：信托贷款模式（融资企业成立信托计划）

2009年，《中国银监会关于进一步规范银信合作有关事项的通知》发布，限制了信贷资产转让模式。2010年，信托贷款模式占据主导地位，这种模式的具体操作流程如图5-3所示，具体为：首先，受信贷限制的融资企业与信托公司成立信托计划；其次，商业银行A将募集到的理财资金购买信托公司的信托计划；最后，信托公司将资金投资于该融资企业，信托计划的受益权最终归商业银行A。在这一过程中，商业银行A是资金供给者，承担实质性的风险；受信贷限制的融资企业是资金需求者；而信托公司则利用自身业务优势充当这一过程的通道，并不承担实质性的风险。

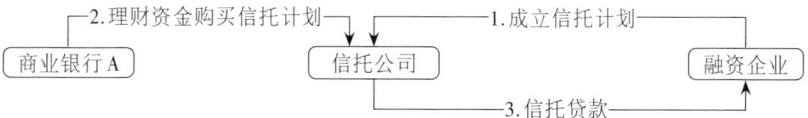

图5-3　信托贷款模式

资料来源：根据相关文献整理而得。

（3）第三种：信托受益权转让模式

信托受益权是指在信托合同中，受益人请求受托人支付信托利益的权利，信托受益权转让模式引入第三方，例如过桥企业。信托受益权转让模式具体操作流程如图5-4所示，具体为：首先，受信贷限制的融资企业B与信托公司成立信托计划；其次，商业银行为规避信托贷款的限制，寻找过桥企业A，让过桥企业A购买信托公司的信托计划；再次，商业银行购买过桥企业A所持有的信托受益权；最后，信托公司将资金投资于融资企业B，信托计划的受益权最终归商业银行。由于中国银监会禁止商业银行使用理财资金进行信托贷款，因此商业银行寻找过桥企业A来规避监管，而信托受益权的转让并不在监管范围之内。在信托受益权转让模式下，实质依然是商业银行给受信贷限制的融资企业提供信贷服务，过桥企业A和信托公司则利用自身业务优势充当这一过程的通道，并不承担实质性的风险。

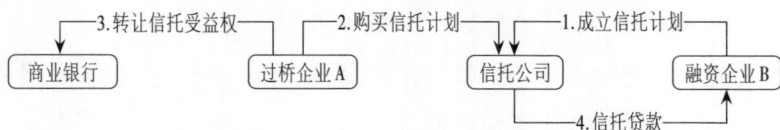

图5-4　信托受益权转让模式

资料来源：根据相关文献整理而得。

2）银证合作

信托公司"受人之托，代客理财"的属性在商业银行利用通道业务进行监管套利的过程中，具有了银行属性，却没有受到与银行一样的资本监管，这必然会增加金融风险。商业银行利用银信理财合作进行监管套利，也没有计提相应的资本，真实风险依然存在。以上这些问题都引起了监管机构的重点关注。2010年9月，中国银监会发布《信托公司净资本管理办法》，对信托公司提出了资本要求。2011年1月，《中国银监会关于进一步规范银信理财合作业务的通知》发布，要求商业银行在2011年底前将银信理财合作业务中的表外资产转入表内，对于未转入表内的，将对信托公司计提相应的风险资本。这一系列措施使银信合作成本越来越高，因此商业银行急需寻找新的合作模式来逃避监管。

2012年10月，中国证监会发布"一法两则"，即《证券公司客户资产管理业务管理办法》、《证券公司集合资产管理业务实施细则》以及《证券公司定向资产管理业务实施细则》，使得证券公司资产管理业务获得极大的发展空间。银证合作成为商业银行监管套利的新模式，合作方式主要包括委托贷款模式、资管受益权转让模式、银证票据模式和银证信合作模式。

（1）委托贷款模式

委托贷款模式的具体操作流程如图5-5所示，具体为：首先，商业银行A制订理财计划；其次，证券公司根据商业银行A的理财计划成立定向资管计划，定向资管计划的内容是委托商业银行B对受信贷限制的融资企业进行贷款，商业银行A投资该定向资管计划；最后，商业银行B向融资企业提供贷款。

| 商业银行A | 1.委托资金 → | 证券公司 | 2.委托贷款 → | 商业银行B | 3.提供贷款 → | 融资企业 |

图5-5　委托贷款模式

资料来源：根据相关文献整理而得。

（2）资管受益权转让模式

资管受益权转让模式的具体操作流程如图5-6所示，具体为：首先，商业银行C制订理财计划；其次，证券公司根据商业银行C的理财计划成立定向资管计划，定向资管计划的内容是委托商业银行B对受信贷限制的融资企业进行贷款；再次，商业银行A通过商业银行C

投资该项定向资管计划；最后，商业银行B向融资企业提供贷款。

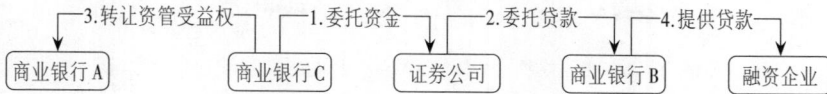

| 商业银行A | ←—3.转让资管受益权—— | 商业银行C | ——1.委托资金——→ | 证券公司 | ——2.委托贷款——→ | 商业银行B | ——4.提供贷款——→ | 融资企业 |

图5-6　资管受益权转让模式

资料来源：根据相关文献整理而得。

（3）银证票据模式

银证票据模式的具体操作流程如图5-7所示，具体为：首先，商业银行制订理财计划；其次，证券公司根据商业银行的理财计划成立定向资管计划；最后，证券公司按照计划内容，购买商业银行的贴现票据。在这一过程中，商业银行利用自有资金实现了票据"出表"，将表内资产转变为表外资产。

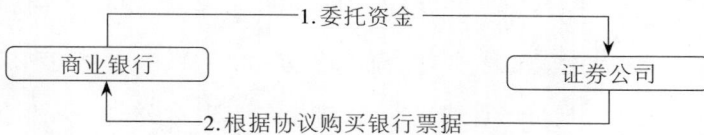

| 商业银行 | ——1.委托资金——→ | 证券公司 |
| | ←—2.根据协议购买银行票据—— | |

图5-7　银证票据模式

资料来源：根据相关文献整理而得。

（4）银证信合作模式

银证信合作模式的具体操作流程如图5-8所示，具体为：首先，受信贷限制的融资企业与信托公司成立信托计划；其次，商业银行A制订理财计划；再次，证券公司根据商业银行A的理财计划成立定向资管计划，定向资管计划的内容是投资信托计划；最后，信托公司向融资企业提供资金。通过银证信合作模式，商业银行规避了主体限制，同时实现信贷资产从资产负债表内转移到表外，减少了商业银行的资本占用。

证券公司定向资产管理规模的迅速扩张引起了中国证监会的关注，2013年，中国证监会、中国证券业协会分别发布《关于加强证券公司资产管理业务监管的通知》和《关于规范证券公司与银行合作开展定向资产管理业务有关事项的通知》，相关政策的发布逐步规范了银证之间的合作，最终限制了商业银行利用银证合作进行监管套利。

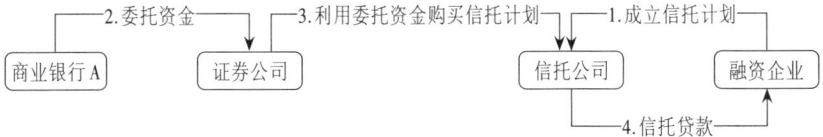

图 5-8 银证信合作模式

资料来源：根据相关文献整理而得。

3）银基合作和银保合作

2012年，中国证监会发布《基金管理公司特定客户资产管理业务试点办法》；2013年，《中国保监会关于保险资产管理公司开展资产管理产品业务试点有关问题的通知》发布，自此基金公司和保险公司可以正式地开展资产管理业务。商业银行与基金公司、保险公司合作开展的也是通道业务，其业务模式与银证合作的模式类似，都是商业银行将基金公司、保险公司作为"通道中介"，集合理财资金投资于非标资产，其中非标资产包括信贷类、票据类、受益权类等（王喆等，2017）[156]。

4）银行间合作模式

2013年，中国银监会发布《关于规范商业银行理财业务投资运作有关问题的通知》，首次提出"非标准化债权资产"（以下简称"非标资产"），严格限制商业银行利用理财资金通过通道业务投资非标资产，从而从总量上控制了理财资金投资非标资产的规模（王喆等，2017）[156]。2013年后，银行间合作模式成为商业银行监管套利的主要模式，包括同业代付模式、买入返售模式、同业存单和同业理财等。

（1）同业代付模式

同业代付业务是基于贸易融资开展的，即商业银行接受客户申请，通过同业机构为客户的贸易活动提供短期融资便利。信用证代付是国内常用的一种同业代付模式，对于委托行来说，开立信用证不占用商业银行的信贷规模，其风险权重系数也低于贷款的风险权重系数；对于代付行来说，由于委托行做了开证担保，也不需要计提风险资产，从而节约了资本金。通过同业代付业务，委托行和代付行不仅绕开了信贷规模的限制，还降低了资本负担，但贷款风险仍在商业银行内，同业代付模式流程如图5-9所示。从2011年开始，为了将信贷资产转移为表外业务，脱离真实的贸易背景，商业银行大规模开展同业代付业务。2012年8月，《中国银行业监督管理委员会办公厅关于规范同业代付业务管理的通知》发布，对商业银行的同业代付业务进行规范化，限制了商业银行通过同业代付业务进行监管套利。

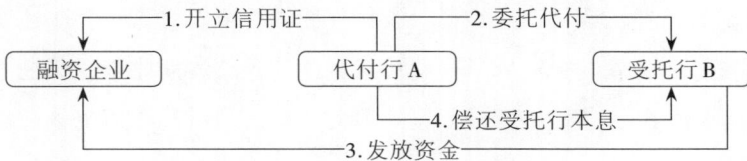

图5-9 同业代付模式

资料来源：根据相关文献整理而得。

（2）买入返售模式

2013年以后，买入返售业务开始兴起。2014年4月，中国人民银行、银监会、证监会、保监会、外汇局联合发布《关于规范金融机构同业业务的通知》，定义买入返售（卖出回购）是指两家金融机构之间按照协议约定先买入（卖出）金融资产，再按约定价格于到期日将该项金融资产返售（回购）的资金融通行为，并对买入返售业务投资非标资产的途径进行限制，这导致买入返售资产的规模不断收缩，商业银行不得不开辟新的同业渠道。买入返售业务主要包括票据买入返售业务和信托受益权买入返售业务。

票据买入返售业务是指商业银行将合法持有的未到期商业汇票卖出，并根据合约内容在约定日期以约定价格赎回同批商业汇票的票据业务，主要利用了部分农村商业银行和农村信用合作社在会计处理上并不区分票据卖断和票据回购的漏洞。票据买入返售业务具体操作流程如图5-10所示，具体为：首先，商业银行将合法持有的未到期商业汇票卖断给农村商业银行或农村信用合作社，会计科目从"票据贴现"科目转移到"买入返售金融资产"科目，已贴现的票据原本计入商业银行的信贷规模中，但通过票据买入返售实现了信贷资产表外化，不仅腾出信贷额度，还规避了资本充足率监管要求；其次，农村商业银行或农村信用合作社由于对票据卖断和票据回购不做区分，会计上当作"卖断"处理；最后，商业银行按照要求进行逆回购买入之前卖出的商业汇票。商业银行、农村商业银行或农村信用合作社在此次业务的会计处理中达到了隐藏信贷规模的目的，商业银行通过票据买入返售业务转移信贷资产，达到节约资本占用以及规避资本充足率监管要求的目的。

图5-10　票据买入返售模式

资料来源：根据相关文献整理而得。

信托受益权买入返售业务即商业银行买入信托受益权后，在约定的时间将信托受益权返还，其最大特点在于信托受益权的买卖，商业银行可以利用信托受益权的层层转让进行监管套利。之后更为复杂的信托受益权买入返售业务层出不穷，主要包括"过桥银行"模式和

"过桥"—买入返售模式。

"过桥银行"模式的具体操作流程如图5-11所示，具体为：首先，受信贷限制的融资企业与信托公司成立信托计划；其次，过桥银行A购买信托公司的信托计划；再次，商业银行B利用募集到的银行理财资金购买过桥银行A所持有的信托受益权；最后，信托公司将资金投资于该融资企业。在"过桥银行"模式下，商业银行B是资金供给者，承担实质性的风险，而过桥银行A和信托公司则是通道，只是赚取了通道费。商业银行之所以采取这种模式，是因为同业资产的风险资产权重较低，有利于减少银行的资本占用。

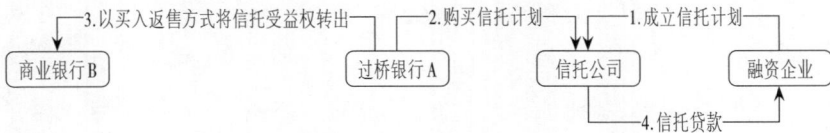

图5-11 "过桥银行"模式

资料来源：根据相关文献整理而得。

"过桥"—买入返售模式的具体操作流程如图5-12所示，具体为：首先，受信贷限制的融资企业B与信托公司成立信托计划；其次，过桥企业A购买信托公司的信托计划；再次，过桥银行AA购买过桥企业A所持有的信托受益权；最后，过桥银行AA以买入返售的方式将信托受益权转让给商业银行BB。在"过桥"—买入返售模式下，商业银行BB是资金供给者，承担实质性的风险，而过桥银行AA、过桥企业A及信托公司都是通道，只是赚取了相应的手续费。实质还是商业银行BB将贷款提供给受信贷限制的融资企业B，最终商业银行BB利用"过桥"—买入返售模式不仅规避了资本监管，还赚取了利润。

（3）同业存单和同业理财

同业存单和同业理财在一定程度上拓展了商业银行负债的多元化，

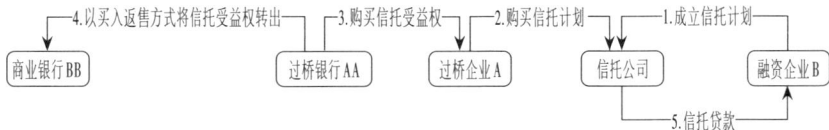

| ←4.以买入返售方式将信托受益权转出─ | | ←3.购买信托受益权─ | ←2.购买信托计划─ | ←1.成立信托计划─ |
| 商业银行BB | 过桥银行AA | 过桥企业A | 信托公司 | 融资企业B |

图 5-12　"过桥"—买入返售模式

资料来源：根据相关文献整理而得。

并且在商业银行和非商业银行之间形成一条"同业存单—同业理财—委外投资"的同业链条（王喆等，2017）[156]。委外投资是指商业银行将资金委托给非银行金融机构，由非银行金融机构按照协议内容进行主动管理的一种投资业务，投资标的主要为股票、债券等。

在《关于规范金融机构同业业务的通知》中，同业存单并不在其所规定的同业业务中，不受"同业负债不超过总负债的三分之一"规定的约束，同时无须缴纳存款准备金，因此商业银行同业存单业务开始大规模地增长。娄飞鹏（2017）[157]认为同业存单的套利链条是国有大型银行利用广泛的公众存款或从央行得到的流动性便利投资同业存单，从而赚取利差；股份制银行、城商行和农商行通过发行同业存单融入资金，并投资同业理财或委外投资等赚取利差；非银行金融机构作为受托机构进行各类非标投资并赚取利差。最为典型的是同业存单质押模式，即商业银行A买入商业银行B的存单，商业银行B利用这些存单收入再买入商业银行C的存单，通过层层嵌套，各商业银行相互持有对方的存单，从而获得利差收入。

2013年之前，商业银行的理财业务主要以个人或企业的理财为主，随着同业业务的发展，同业理财得到快速发展。现实中，国有大型银行、股份制银行、城商行和农商行之间相互持有理财资金，由于理财资金主要源于自营资金，因此同业理财降低了资金的利用率，造成资金在商业银行内部空转。除此之外，同业存单和同业理财相互结合，形成了新的套利模式，即商业银行可以通过发行同业存单获取资金，再投资于同业理财，由于同业存单的利率基本低于同业理财的利率，这种模式不仅可以赚取利差，还可以规避缴纳准备金（王喆等，2017）[156]。规模庞大的同业存单和同业理财的相互交织，造成资金在金融体系内部的空转，无法流入实体经济，不仅使资金成本越来越高，还使金融风险不断积聚，容易引发系统性风险。

5.2.3 2016 年至今我国商业银行监管套利情况

2016 年以前，通道业务是我国商业银行进行监管套利的主要模式，各类金融机构利用交叉金融业务的监管漏洞进行监管套利，交叉金融风险积聚，系统性风险随时有爆发的可能。因此，监管机构不断发布相关政策法规，试图弥补金融监管的漏洞，但主要以"围追堵截"的方式为主，金融监管非常被动。2017 年，中央将金融安全提升到治国理政的新高度，《关于开展银行业"违法、违规、违章"行为专项治理工作的通知》《关于开展银行业"监管套利、空转套利、关联套利"专项治理的通知》《关于开展银行业"不当创新、不当交易、不当激励、不当收费"专项治理工作的通知》相继发布，要求商业银行对自身的业务经营、制度遵守等行为进行自查，辅以监管部门抽查。

2018 年 4 月，中国人民银行、中国银行保险监督管理委员会、中国证券监督管理委员会、国家外汇管理局联合发布《关于规范金融机构资产管理业务的指导意见》（以下简称《资管新规》），由于资产管理业务在我国发展迅速且规模巨大，同时也是监管套利的重灾区，而《资管新规》的内容主要是针对监管套利这一"顽疾"，其在认定合格投资者、打破刚性兑付、去除资金池运作、解决多层嵌套、抑制通道业务等方面制定了明确要求（周月秋和藏波，2019；彭俞超和何山，2020）[158]-[159]。《资管新规》设置了两年的过渡期，意味着各类金融机构在 2020 年底需要完成转型，但由于受到新冠病毒感染等方面的影响，为平稳推动资管业务的规范转型，正式实施时间为 2022 年 1 月 1 日。但各类金融机构关于资产管理业务的规范转型在短时期内实现并非易事，可能要面临存量资产处置、资产回表、信用风险、产品波动和疫情等方面的影响（卜振兴，2021）[160]。可见，对商业银行监管套利的整顿是一个长期而艰苦的任务。

5.3 评价

5.3.1 我国不同资本监管时期的商业银行监管套利情况

1994 年，我国商业银行需要满足至少 8% 的资本充足率监管标准，虽只是一种软约束，但也标志着我国商业银行开始进行市场化改革，将根据其自有资金的多少承担相应的有限责任，不再由政府承担无限责任。此时我国商业银行的主要业务只是发展传统的存贷业务，监管套利几乎不存在。2004 年，《商业银行资本充足率管理办法》发布，代表资本充足率已成为我国商业银行的硬约束监管指标，如果商业银行没有满足资本充足率指标，将进行整改和撤销。此时，我国商业银行开始借鉴国外银行经验，重点发展理财业务，这在一定程度上打破了银行存款规模的限制，但贷款规模依然受到资本、存贷比及行业投向等多方面的限制，在逐利动机的驱使下，商业银行迫切需要寻求一条规避监管、提高贷款规模的快速路径，银信合作模式逐步发展起来。

2008 年，我国经济在一定程度上受到金融危机的影响，经济刺激计划促使实体经济的信贷需求增加，尤其是中小企业，但由于其缺乏足够的抵押品以及具有较高的经营风险，通过正规的信贷渠道进行融资很难。而商业银行面对如此庞大的融资需求，在资本、存贷比以及行业投向等多方面的限制下，其逐利本质促使商业银行借用通道发放贷款，将"不正规的业务"包装成"正规的业务"，因此银信合作、银证合作、银基合作、银行间合作大规模地发展起来。此时，资本监管的重点依然是资本充足率的达标情况，商业银行更愿意选择"分母策略"，即通过降低风险加权资产占比来满足资本充足率的最低监管标准，因此商业银行大规模地开展通道业务，不仅获取了高额利润，还规避了资本充足率监管，但实际风险并没有得到资本的有效覆盖。随着我国商业银行利用通道进行监管套利的规模越来越大，风险的隐蔽性导致风险积聚也越来越严重，极易发生系统性风险。2016年，监管机构建立宏观审慎评估体系（MPA），更加重视宏观审慎监管。2017年，又被称为我国金融领域的"监管元年"，中央将金融安全提升到治国理政的新高度，因此监管机构不断发布各种专项法规政策，旨在填补金融监管漏洞，从而提高金融系统的稳定性。

从我国资本监管和商业银行监管套利的发展历程来看，我国对商业银行的资本监管一直以资本充足率监管为核心。为达到资本充足率最低监管标准，不管是国外还是国内，"分母策略"一直是首选，但我国商业银行与国外银行通过资产证券化进行监管套利的方式不同，我国商业银行借用通道发放贷款，从而降低了风险加权资产占比，不仅满足了资本充足率最低监管标准，还获得了高额利润。但在商业银行监管套利的过程中，其隐蔽的风险越积越多，也没有相应的资本进行覆盖，系统性风险极易爆发。2016年后，随着我国监管机构对资本监管及整个金融监管的不断完善，我国商业银行利用通道进行监管套利的规模显著降低。综上可知，在资本监管趋严的大背景下，银行的逐利动机必然受到影响，进而影响银行的监管套利；而资本监管的漏洞使商业银行监管套利成为可能，最终商业银行监管套利会降低资本监管的有效性。

5.3.2 我国商业银行通道业务盛行的原因

我国商业银行为了规避监管、获取利润，通过银信合作、银证合作、银基合作、银行间合作等开展通道业务，通道业务盛行的原因主要包括以下几个方面：

（1）我国金融市场发展不完善，资金冗余和资金需求之间受限于传统渠道，不能有效互惠（鲁篱和潘静，2014）[78]。由于我国金融市场发展还不完善，我国商业银行拥有大量闲置资金，却难以有效投入到实体经济中，而我国实体经济，尤其是中小企业，拥有巨大的融资需求，却面临"融资贵、融资难"的问题，这就导致资金冗余和资金需求之间没有有效的资金流通渠道。我国商业银行面对如此巨大的资金需求，为了追求高额利润，就会寻找监管套利的机会，这导致我国商业银行通道业务盛行。

（2）分业监管容易造成监管空白，从而增加商业银行监管套利的空间。我国的金融行业主要包括商业银行、信托公司、证券公司、基金公司、保险公司等，不同的行业有不同的金融产品、不同的运营方式以及不同的监管标准等，因此分业监管要求商业银行和信托公司由中国银监会监管、证券公司和基金公司由中国证监会监管、保险公司由保监会监管，这样可以集中金融监管资源，从而有针对性地进行监管，这是分业监管的优点。但是分业监管的缺点就是将各行业的金融监管割裂开来，因此无法对混业经营下的各种嵌套产品进行穿透性监管。而我国商业银行面临更为严格的资本监管，严格程度远高于其他行业，因此商业银行为了追逐高额利润、躲避监管，就会绕道去监管薄弱的行业开展业务，例如借用通道发放贷款等。

（3）各监管部门不仅承担监管职责，还肩负发展资本市场的重任，因此容易导致监管宽容。我国在 2008 年经济刺激计划后，整个经济处于上行期，各行各业都期待在这样的经济形势下实现利润的增长，同样包括金融机构，例如商业银行、信托公司、证券公司、基金公司、保险公司等。因此，这些监管部门一方面要监管资本市场，另一方面还要发展资本市场，在矛盾的目标下就会存在一定的监管宽容。我国商业银行利用某个市场的监管宽容，寻找监管套利的机会，例如商业银行借用通道发放贷款时，最先合作的是信托公司，当针对银信合作的监管趋严时，商业银行又转向与证券公司合作，继而是基金公司、保险公司等。

5.3.3 我国商业银行开展通道业务的危害

我国商业银行开展通道业务的负面影响主要表现在：第一，通道业务加剧了金融风险。2008—2015 年，我国商业银行通道业务十分盛行，通道业务将信托公司、证券公司、基金公司、保险公司和其他银行等都联系起来，其中隐藏的风险积聚在通道业务的各个环节，一旦某一环节出现问题，容易造成连锁反应，系统性风险的爆发可能令整个金融系统岌岌可危。第二，通道业务延长了资金链条，从而增加了实体经济的融资成本。通道业务具有"两头在外"的特点（李娜，2019）[161]，即信托公司、证券公司、基金公司和保险公司等作为银行理财的通道，对资金端和资产端的控制都非常薄弱，这些作为通道的金融机构虽然只是赚取了通道费，但融资链条却被延长，而融资链条的延长提高了实体经济的融资成本，这使得中小企业融资尤为艰难。第三，我国商业银行利用通道业务进行监管套利，影响了资本监管的有效性。商业银行借用通道发放贷款，通过降低风险加权资产占比达到了资本充足率的最低监管标准，但隐蔽的风险不断积聚扩大，且没有充足的资本进行覆盖，严重影响了资本监管的有效性。

5.4　小结

　　本章通过对我国资本监管情况和商业银行监管套利情况的梳理，对我国在不同资本监管条件下的商业银行监管套利进行了事实描述，发现我国商业银行为了躲避资本充足率等监管，利用通道业务长期进行监管套利的事实，最后总结了我国商业银行开展通道业务的原因和危害。除此之外，本章还得到以下结论：第一，随着我国资本监管的趋严，资本监管压力影响了商业银行监管套利的动机。第二，我国商业银行在利润驱使下，利用资本监管漏洞，即通过降低风险加权资产占比来满足资本充足率的最低监管标准，大规模地开展通道业务。第三，我国商业银行利用通道业务进行监管套利，削弱了资本监管的有效性。

6

资本监管与我国商业银行监管套利的实证分析

上一章阐述了我国商业银行利用资本监管漏洞进行监管套利的事实，即商业银行利用通道业务降低了风险加权资产占比，在实际风险没有降低的情况下，满足了资本充足率等金融监管要求。因此，在我国商业银行利用资本监管漏洞实现监管套利的前提下，本章重点研究两个方面：一是资本监管压力对我国商业银行监管套利的影响；二是我国商业银行监管套利对资本监管有效性的影响。实证研究将以我国89家商业银行为样本，主要构建了资本监管压力指标、银行通道业务规模指标以及资本监管有效性指数，利用动态面板模型实证分析资本监管压力对银行通道业务规模的影响以及银行通道业务规模对资本监管有效性指数的影响，并利用交互项进行异质效应分析和调节效应分析。

6.1 样本选择、数据来源及指标构建

6.1.1 样本选择与数据来源

上一章内容揭示了我国商业银行监管套利在的经济刺激计划后开始爆发，因此实证研究的时间确定为2008—2021年，并选取我国2021年总资产排行榜前100名的商业银行作为研究样本，同时剔除财务数据连续不足6年的样本以及业务范围受限制的外资银行，最终获得89家商业银行的非平衡面板数据，包括5家国有大型商业银行、12家股份制商业银行、56家城市商业银行与16家农村商业银行。其中，我国商业银行数据来自BvD BankFocus全球银行与金融机构分析库、Wind数据库、商业银行年报以及金融统计年鉴，宏观数据来自国家统计局。为排除数据极端值的影响，对相关数据进行了1%水平的缩尾处理（Winsorize）。

6.1.2 构建资本监管压力指标

我国的资本监管指标包括资本充足率和杠杆率，但杠杆率监管与资本充足率监管的起始时间并不一致。中国银监会于 2011 年发布《商业银行杠杆率管理办法》，首次引入杠杆率监管指标，并规定系统重要性银行的杠杆率需要在 2013 年底达标，非系统重要性银行的杠杆率需要在 2016 年底达标。本书实证研究从 2008 年开始，必然存在杠杆率的大量缺失值，但利用资本充足率监管压力和杠杆率监管压力可以很好地解决这一问题。2008—2012 年，我国商业银行的资本监管压力只有资本充足率监管压力；2013—2021 年，我国商业银行的资本监管压力包括资本充足率监管压力和杠杆率监管压力。

1）构建资本充足率监管压力指标

我国从 2013 年 1 月 1 日开始正式实施《商业银行资本管理办法（试行）》，要求最低资本充足率指标不低于 8%，系统重要性银行附加资本 1%，除此之外还有 2.5% 的留存资本缓冲要求，因此我国商业银行在 2018 年底最低资本监管要求为 10.5%，系统重要性银行的最低资本监管要求为 11.5%。根据 2012 年中国银监会发布的《关于实施〈商业银行资本管理办法（试行）〉过渡期安排相关事项的通知》，明确给出了 6 年过渡期，从 2013 年底逐年增加 0.4%，因此我国商业银行面临的资本充足率监管压力也会随之增大。表 6-1 列示了我国资本充足率过渡期的具体安排。

表 6-1　　　　　　　　资本充足率过渡期安排

时间	系统重要性银行	其他银行
2013 年底	9.5%	8.5%
2014 年底	9.9%	8.9%

时间	系统重要性银行	其他银行
2015 年底	10.3%	9.3%
2016 年底	10.7%	9.7%
2017 年底	11.1%	10.1%
2018 年底	11.5%	10.5%

数据来源：本表数据来源于中国银保监会。

为了准确衡量资本充足率监管压力，根据我国银保监会不同时期对不同类型银行的资本充足率监管要求，构造了 $Gap1$、$Gap2$ 以及 $Gap3$ 三个不同维度的资本充足率监管压力变量，分别代表资本充足率惩罚监管压力、资本缓冲较小的资本充足率预警监管压力及资本缓冲较大的资本充足率预警监管压力。假设 C_{min} 代表监管机构所要求的最低资本充足率，CAR 代表我国商业银行的实际资本充足率，$std(CAR)$ 代表实际资本充足率的一个标准差，则资本充足率监管压力指标具体表示为：

当 $CAR < C_{min}$，即当我国商业银行资本充足率小于资本监管最低要求时，商业银行面临的资本充足率惩罚监管压力较大，则资本充足率惩罚监管压力可表示为公式（6.1）：

$$Gap1 = \frac{1}{CAR} - \frac{1}{C_{min}}，否则 Gap1 = 0 \tag{6.1}$$

当 $C_{min} \leqslant CAR < C_{min} + std(CAR)$，即当我国商业银行资本充足率达标且接近资本监管最低要求时，因为资本缓冲水平较小，所以商业银行面临较大的资本充足率预警监管压力，则资本缓冲较小的资本充足率预警监管压力可表示为公式（6.2）：

$$Gap2 = \frac{1}{CAR - std(CAR)} - \frac{1}{C_{min}}，否则 Gap2 = 0 \tag{6.2}$$

当 $C_{min} + std(CAR) \leqslant CAR$，即当我国商业银行资本充足率大于资本监管最低要求时，资本缓冲水平较大，因此商业银行几乎没有资本充足率预警监管压力，为与上述资本充足率预警监管压力（Gap2）相区别，将 Gap3 定义为资本缓冲较大的资本充足率预警监管压力，具体可表示为公式（6.3）：

$$Gap3 = \frac{1}{C_{min}} - \frac{1}{CAR - std(CAR)}, \text{否则} Gap3 = 0 \qquad (6.3)$$

综上可知，Gap1 越大，说明我国商业银行实际资本充足率越低于资本监管要求，其面临的资本充足率惩罚监管压力越大；Gap2 越大，说明我国商业银行实际资本充足率越接近于资本监管要求，其面临的资本充足率预警监管压力也越大；Gap3 越大，说明我国商业银行实际资本充足率越高于资本监管要求，其面临非常小的资本充足率预警监管压力。

2）构建杠杆率监管压力指标

为了准确衡量杠杆率监管压力，根据中国银监会不同时期对不同类型银行的杠杆率监管要求，构造了 Plev1、Plev2 以及 Plev3 三个不同维度的杠杆率监管压力变量，分别代表杠杆率惩罚监管压力、资本缓冲较小的杠杆率预警监管压力及资本缓冲较大的杠杆率预警监管压力。假设 L_{min} 代表监管机构所要求的最低杠杆率，LEV 代表我国商业银行的实际杠杆率，std(LEV) 代表实际杠杆率的一个标准差，则杠杆率监管压力指标具体表示为：

当 $LEV < L_{min}$，即当我国商业银行杠杆率小于资本监管最低要求时，商业银行面临的杠杆率惩罚监管压力较大，则杠杆率惩罚监管压力可表示为公式（6.4）：

$$Plev1 = \frac{1}{LEV} - \frac{1}{L_{min}}, \text{否则} Plev1 = 0 \qquad (6.4)$$

当 $L_{min} \leq LEV < L_{min} + std(LEV)$，即当我国商业银行杠杆率越接近资本监管最低要求时，资本缓冲水平较小，商业银行面临的杠杆率预警监管压力较大，则资本缓冲较小的杠杆率预警监管压力可表示为公式（6.5）：

$$Plev2 = \frac{1}{LEV - std(LEV)} - \frac{1}{L_{min}}，否则 Plev2 = 0 \qquad (6.5)$$

当 $L_{min} + std(LEV) \leq LEV$，即当我国商业银行杠杆率大于资本监管最低要求时，资本缓冲水平较大，商业银行几乎没有杠杆率预警监管压力，为与上述杠杆率预警监管压力（$Plev2$）相区别，将 $Plev3$ 定义为资本缓冲较大的杠杆率预警监管压力，具体可表示为公式（6.6）：

$$Plev3 = \frac{1}{L_{min}} - \frac{1}{LEV - std(LEV)}，否则 Plev3 = 0 \qquad (6.6)$$

综上可知，$Plev1$ 越大，说明我国商业银行实际杠杆率越低于资本监管要求，其面临的杠杆率惩罚监管压力越大；$Plev2$ 越大，说明我国商业银行实际杠杆率越接近资本监管要求，其面临的杠杆率预警监管压力也越大；$Plev3$ 越大，说明我国商业银行实际杠杆率越高于资本监管要求，其面临非常小的杠杆率预警监管压力。

6.1.3 构建银行通道业务规模指标

由上一章内容可知，我国商业银行利用信托公司、证券公司、保险公司、基金公司、其他银行等充当通道，通过投资非标资产，将信贷资产转变为同业资产，这样不仅减少了信贷额度的占用，还降低了风险加权资产占比，最终节约了资本消耗。在我国商业银行的通道业务中，这些业务创新涉及的会计科目包括持有至到期投资、可供出售金融资产、应收款项类投资、拆出资金以及买入返售金融资产，具体内容见表6-2。

表6-2   通道业务涉及的会计科目

业务类型	类型	记入资产科目
信托资产转让	通道	持有至到期投资
信托贷款	通道	可供出售金融资产
资金信托计划	通道	应收款项类投资
资产管理计划	通道	应收款项类投资
同业代付	通道	拆出资金
买入返售	通道	买入返售金融资产

资料来源：根据相关文献整理而得。

根据2018年修订的《企业会计准则第22号——金融工具确认和计量》，"债权投资"科目替代原准则的"持有至到期投资"科目；"其他债权投资"科目替代原准则的"可供出售金融资产"科目中的债权投资部分；"其他权益投资工具"科目替代原准则的"可供出售金融资产"科目中的股票投资部分。由于样本研究区间是2008—2021年，因此计算通道业务资产涉及的科目，最终包括"持有至到期投资""可供出售金融资产""应收款项类投资""拆出资金""买入返售金融资产""债权投资""其他债权投资""其他权益投资工具"。本章利用上述资产之和与银行当期总资产的比值来度量我国商业银行的通道业务规模，记作 $CHANNEL$。

6.1.4　构建资本监管有效性指数

主成分分析法在指数构建方面具有广泛的应用，在实证研究过程中，往往会用到多个变量指标，这些指标之间存在一定的相关性，而主成分分析法利用降维思想，可从基础指标中提取大部分信息。因此对于资本监管有效性指数的构建，将采用主成分分析法，这样不仅保留了基础指标的主要信息，还消除了基础指标之间的相关部分。

1）选取基础指标

对于资本监管有效性的衡量，现有文献主要从三个方面着手：一是以是否降低了银行风险承担或提高了银行稳健性为标准；二是以是否提高银行盈利能力为标准；三是以是否促进了宏观经济发展为标准。在此基础上，本节将从银行和宏观经济两个角度构建资本监管有效性指数，具体为：一方面，由于"安全性、盈利性、流动性"一直是银行遵循的基本目标，因此对资本监管有效性的衡量可以结合银行的"三性原则"，即是否提高了银行的安全性、盈利性和流动性；另一方面，监管机构对银行实施资本监管，进一步保证银行体系的稳健性，最终能够促进宏观经济的发展，因此对资本监管有效性的衡量还可结合宏观经济方面的指标。考虑到数据的可获得性，本节从安全性、盈利性、流动性和宏观经济四个方面，最终选取了20个相关的基础指标。由于这些基础指标的年度数据小于20个，所得指标变量的相关系数矩阵会是奇异矩阵，从而影响后续研究，因此本节将采用基础指标的季度数据进行主成分分析，得到所求结果后再转变为年度数据。表6-3列出了基础指标的相关内容。

表6-3　　　　　　　　　基础指标的相关内容

基础指标	方向	符号	样本数	均值	标准差	最小值	最大值
不良贷款率	负向	*Npl*	56	1.73	1.01	0.90	5.78
资本充足率	正向	*CAR*	56	13.07	1.05	11.10	15.13
拨备覆盖率	正向	*PC*	56	207.81	46.57	117.90	295.51
累计外汇敞口头寸比例	负向	*Afe*	56	3.55	1.12	1.61	6.70
净息差	正向	*NIM*	56	2.34	0.25	2.01	2.77

基础指标	方向	符号	样本数	均值	标准差	最小值	最大值
资本利润率	正向	ROC	56	16.33	3.95	9.48	22.60
资产利润率	正向	APR	56	1.15	0.20	0.77	1.43
非利息收入占比	正向	NII	56	23.54	2.77	17.50	29.82
成本收入比	负向	Cti	56	28.51	2.59	22.95	35.30
流动性比例	正向	Lr	56	48.79	5.76	41.10	60.32
人民币超额备付金率	正向	Err	56	2.25	0.50	1.42	3.51
银行间隔夜拆借利率	负向	$SHIBOR$	56	2.29	0.68	0.83	3.87
存贷比	负向	Ltd	56	68.40	4.81	62.03	79.69
国内生产总值	正向	GDP	56	17.27	6.59	6.94	32.42
固定资产投资	正向	Ifa	56	11.11	5.12	1.83	19.75
失业率	负向	Rou	56	4.01	0.17	3.61	4.30
居民消费价格指数	负向	CPI	56	2.43	1.84	−1.67	8.31
国房景气指数	正向	Nhs	56	99.43	3.35	92.63	105.89
广义货币供应量	正向	$M2$	56	131.30	58.23	42.31	238.29
社会融资规模存量	正向	TSF	56	160.21	76.86	52.35	314.13

数据来源：本表数据根据SPSS软件输出结果整理而得。

银行的安全性指标包括不良贷款率、资本充足率、拨备覆盖率和累计外汇敞口头寸比例。不良贷款率（non-performing loan ratio）属于负向指标，其比重越大代表银行收回款项的可能性越小，从而增加了银行的信贷风险；资本充足率（capital adequacy ratio）属于正向指标，银行资本越充足，风险覆盖的可能性越大；拨备覆盖率（provision coverage）属于正向指标，当呆账和坏账一旦形成事实，充足的准备金可以转化为银行的可用资金，从而降低银行破产的可能性；累计外汇敞口头寸比例（proportion of accumulated foreign exchange exposure positions）属于负向指标，主要用于衡量银行的汇率风险，一般不超过20%。

银行的盈利性指标包括净息差、资本利润率、资产利润率、非利息收入占比及成本收入比。净息差（net interest margin）属于正向指标，利息收入对银行来说依然是主要收入来源，净息差在一定程度上反映了银行的盈利能力；资本利润率（return on capital）属于正向指标，代表银行资本转化为利润的盈利能力，该指标越高，说明银行利用自有资本投资的效益越高；资产利润率（asset profit ratio）属于正向指标，代表银行资产转化为利润的盈利能力，该指标越高，说明银行的资产利用率越好；非利息收入占比（proportion of noninterest income）属于正向指标，因为非利息收入的风险极低，其占比大，不仅能在一定程度上降低银行的运营风险，还增加了银行的利润来源；成本收入比（cost-to-income ratio）属于负向指标，反映银行每一单位收入需要付出多少成本，成本过大就会压缩银行的利润。

银行的流动性指标包括流动性比例、人民币超额备付金率、银行间隔夜拆借利率及存贷比。流动性比例（liquidity ratio）属于正向指标，流动性比例高说明银行短期偿债能力强；人民币超额备付金率（RMB excess reserve ratio）属于正向指标，该指标越高说明银行流动性越好，可以覆盖日常的存款支付和资金清算；银行间隔夜拆借利率（SHIBOR）属于负向指标，该指标越高代表银行借贷资金的成本越高，会导致流动性下降；存贷比（loan-to-deposit ratio）一般被看作负向指标，因为银行的贷款越多说明银行的流动性越差。

宏观经济指标包括国内生产总值、固定资产投资、失业率、居民消费价格指数、国房景气指数、广义货币供应量、社会融资规模存量。国内生产总值（GDP）反映了一个国家或地区的经济状况和发展水平，它属于正向指标；固定资产投资（investment infixed assets）与实体经济的增长息息相关，属于正向指标；失业率（rate of unemployment）属于负向指标；居民消费价格指数（CPI）反映了通货膨胀的程度，属于负向指标；国房景气指数（national housing sensitive index）属于正向指标，由于银行信贷资产中很大一部分是房地产贷款，国房景气指数越好，代表贷款质量越好；广义货币供应量（M2）属于正向指标，反映了货币供应的整体情况；社会融资规模（total social financing）属于正向指标，代表实体经济从金融体系获得的资金支持。

2）主成分分析法的数据处理和检验

在进行主成分分析时，不仅要对原始数据进行数据处理，还要对这些数据进行相关性检验，最终判断采用主成分分析法构建资本监管有效性指数是否合适，具体步骤如下：

第一，指标同趋势化处理。在基础指标的选取中，既有正向指标，又有负向指标，正向指标是指指标的数值越高越好，负向指标是指指标的数值越低越好。利用主成分分析法构建资本监管有效性指数时，需要将所有指标进行同趋势化处理，即负向指标要转换为正向指标。转换方法可以通过求倒数进行，但有学者认为求倒数会改变指标的分布规律，提出了线性变换法（叶宗裕，2003；陈鹏宇，2021）[162] - [163]，本书将采用这一方法，因此负向指标正向化的转换方法可表示为：

$$X_{i,j}^1 = max_i X_{i,j} + min_i X_{i,j} - X_{i,j} \qquad (6.7)$$

公式（6.7）中，j 代表指标 j，i 代表指标下的第 i 个时期，$X_{i,j}$ 代表基础指标，$max_i X_{i,j}$ 代表指标 j 中的最大值，$min_i X_{i,j}$ 代表指标 j 中的最小值，$X_{i,j}^1$ 代表转换后的正向指标。

第二，指标标准化处理。在构建资本监管有效性指数时，所选取的20个指标之间存在量纲差异，如果直接进行主成分分析，分析结果会因指标数值较大而放大主成分分析中的贡献值，也会因指标数值较小而削弱主成分分析中的贡献值，因此在进行主成分分析之前需要对指标进行z-score标准化处理，具体方法可表示为：

$$X_{i,j}^2 = \frac{X_{i,j}^1 - mean_j}{\sigma_j} \tag{6.8}$$

公式（6.8）中，$X_{i,j}^1$代表转换后的正向指标，$mean_j$代表指标j的均值，σ_j代表指标j的标准差，$X_{i,j}^2$代表标准化后的指标。

第三，相关性检验，包括KMO检验和Bartlett检验。KMO（Kaiser-Meyer-Olkin）检验考察指标之间相关关系的强弱程度，通过两个指标之间的相关系数和偏相关系数得到。根据Kaiser和Rice（1974）[164]的研究，如果KMO值大于0.6，则表示指标之间的关联性很强，适合做主成分分析。Bartlett检验考察指标之间的独立性，原假设为指标之间是独立的，如果可以拒绝原假设则说明指标之间不是相互独立的，可以做主成分分析。相关性检验结果见表6-4，可知KMO为0.739且大于0.6，sig为0且小于0.05，说明所选取的这些指标可进行主成分分析。

表6-4　　　　　　　　　　KMO和Bartlett检验结果

取样足够度的Kaiser-Meyer-Olkin度量	Bartlett的球形度检验近似卡方	df	sig
0.739	2 213.315	190	0.000

数据来源：本表数据根据SPSS软件输出结果整理得出。

3）利用主成分分析法构建资本监管有效性指数

表6-5中列出了主成分分析的结果，即解释的总方差。前3个主成分的特征值均大于1，且累计贡献率为82.035%，说明前3个主成

分解释了全部方差的82.035%，这意味着提取的这3个主成分能够代表原来数据信息的82.035%，因此本书提取前3个主成分。

表6-5 解释的总方差

成分	特征值	方差贡献率（%）	累计贡献率（%）
1	9.719	48.597	48.597
2	4.587	22.936	71.532
3	2.101	10.503	82.035
4	0.856	4.281	86.316
5	0.831	4.157	90.474
6	0.578	2.888	93.362
7	0.493	2.465	95.826
8	0.238	1.189	97.015
9	0.163	0.816	97.831
10	0.138	0.689	98.520
11	0.094	0.468	98.988
12	0.066	0.329	99.317
13	0.053	0.263	99.580
14	0.029	0.147	99.727
15	0.025	0.127	99.854
16	0.012	0.060	99.914
17	0.012	0.059	99.973
18	0.004	0.020	99.993
19	0.001	0.005	99.998
20	0.000	0.002	100.000

数据来源：本表数据根据SPSS软件输出结果整理得出。

主成分分析法应用的具体过程为：首先根据这3个主成分的特征值并结合相关数据计算出线性组合F1、线性组合F2和线性组合F3的得分系数；其次结合相应的方差贡献率计算出综合得分系数；最后利用归一化方法处理得到各指标的权重，计算结果见表6-6。构建资本监管有效性指数的计算公式可表示为：

$$ZS = \sum_{i=1}^{15} w_i X_i \tag{6.9}$$

公式（6.9）中，ZS代表资本监管有效性指数，w_i代表归一化权重系数，X_i代表20个基础指标。

表6-6　　　　　　　　　　　　线性组合系数结果

指标符号	线性组合F1得分系数	线性组合F2得分系数	线性组合F3得分系数	综合得分系数	归一化权重系数
Npl	−0.0543	0.1473	0.5183	0.0754	8.40%
CAR	0.2835	0.1703	−0.0662	0.2071	23.09%
PC	−0.1492	0.3712	0.0320	0.0195	2.17%
Afe	0.2901	0.0149	0.0340	0.1804	20.11%
NIM	−0.2260	0.2982	0.0800	−0.0403	−4.49%
ROC	−0.3073	0.0836	0.0613	−0.1508	−16.81%
APR	−0.3048	0.0434	0.0871	−0.1573	−17.53%
NII	−0.0228	−0.4195	0.0881	−0.1195	−13.32%
Cti	0.0029	−0.4006	0.0865	−0.0992	−11.06%
Lr	0.3009	0.0680	−0.0762	0.1875	20.90%
Err	−0.1626	0.3250	−0.0713	−0.0146	−1.63%
$SHIBOR$	0.0767	−0.3468	0.0588	−0.0440	−4.90%
Ltd	−0.3029	−0.0765	0.1084	−0.1869	−20.84%

指标符号	线性组合F1得分系数	线性组合F2得分系数	线性组合F3得分系数	综合得分系数	归一化权重系数
GDP	0.2912	0.1529	0.1335	0.2323	25.90%
Ifa	0.1886	0.1545	0.2606	0.1883	20.99%
Rou	0.2115	0.1457	−0.1808	0.1429	15.93%
CPI	0.0916	−0.1816	0.5541	0.0744	8.30%
Nhs	0.0752	−0.1217	−0.4515	−0.0473	−5.27%
M2	0.2961	0.1133	0.1465	0.2258	25.18%
TSF	0.2998	0.1076	0.1226	0.2234	24.90%

数据来源：本表数据由作者计算得出。

6.2 实证分析

6.2.1 模型设定

在进行实证分析时，基于我国商业银行利用资本监管漏洞实现监管套利的前提，研究重点主要集中在两个方面：一是资本监管压力对我国商业银行监管套利的影响；二是我国商业银行监管套利对资本监管有效性的影响。因此，构建的实证模型如下所示：

$$CHANNEL_{it} = \partial + \partial_0 CHANNEL_{it-1} + \partial_1 Gap1_{it} + \partial_2 Gap2_{it} + \partial_3 Gap3_{it} + \partial_4 Plev1_{it} + \partial_5 Plev2_{it} + \partial_6 Plev3_{it} + + \partial_7 M_{it} + \varepsilon_{it} \tag{6.10}$$

$$ZS_{it} = \gamma + \gamma_0 ZS_{it-1} + \gamma_1 CHANNEL_{it} + \gamma_2 M_{it} + \delta_{it} \tag{6.11}$$

公式（6.10）代表资本监管压力对银行通道业务规模的影响，公式（6.11）代表银行通道业务规模对资本监管有效性指数的影响。M

为控制变量，主要包括银行特征变量和宏观变量。银行特征变量主要包括银行规模、资产结构、资本情况以及盈利能力，其中 *SIZE* 代表银行资产规模，用银行期末总资产表示；*LOAN* 代表银行的贷款规模，用以反映银行的资产结构，用贷款净额与总资产的比值表示；*CA* 代表银行的资本情况，用股东权益总计与总资产的比值表示；*ROAA* 代表银行的盈利能力，用净利润与期初和期末总资产余额平均数的比值表示。宏观变量主要包括国内生产总值（记作 *GDP*）。各变量定义见表6-7。

表6-7 　　　　　　　　　　　　　**各变量定义**

变量类型	变量名称	变量符号	变量定义
核心变量	资本监管有效性指数	ZS	利用主成分分析构建的指数
	资本充足率	CAR	商业银行实际资本充足率水平
	资本充足率最小值	C_{min}	资本充足率监管标准
	资本充足率惩罚监管压力	$Gap1$	当 $CAR < C_{min}$ 时，$Gap1 = \dfrac{1}{CAR} - \dfrac{1}{C_{min}}$，否则为 0；$Gap1$ 越大，资本充足率惩罚监管压力越大
	资本缓冲较小的资本充足率预警监管压力	$Gap2$	当 $C_{min} \leqslant CAR < C_{min} + std(CAR)$ 时，$Gap2 = \dfrac{1}{CAR - std(CAR)} - \dfrac{1}{C_{min}}$，否则为 0；$Gap2$ 越大，资本缓冲较小的资本充足率预警监管压力越大
	资本缓冲较大的资本充足率预警监管压力	$Gap3$	当 $C_{min} + std(CAR) \leqslant CAR$ 时，$Gap3 = \dfrac{1}{C_{min}} - \dfrac{1}{CAR - std(CAR)}$，否则为 0；$Gap3$ 越大，资本缓冲较大的资本充足率预警监管压力越小
	杠杆率	LEV	商业银行实际杠杆率水平

变量类型	变量名称	变量符号	变量定义
	杠杆率最小值	L_{min}	杠杆率监管标准
	杠杆率惩罚监管压力	$Plev1$	当 $LEV < L_{min}$ 时，$Plev1 = \dfrac{1}{LEV} - \dfrac{1}{L_{min}}$，否则为 0；$Plev1$ 越大，杠杆率惩罚监管压力越大
核心变量	资本缓冲较小的杠杆率预警监管压力	$Plev2$	当 $L_{min} \leqslant LEV < L_{min} + std(LEV)$ 时，$Plev2 = \dfrac{1}{LEV - std(LEV)} - \dfrac{1}{4\%}$，否则为 0；$Plev2$ 越大，资本缓冲较小的杠杆率预警监管压力越大
	资本缓冲较大的杠杆率预警监管压力	$Plev3$	当 $4\% + std(LEV) \leqslant LEV$ 时，$Plev3 = \dfrac{1}{4\%} - \dfrac{1}{LEV - std(LEV)}$，否则为 0；$Ple3$ 越大，资本缓冲较大的杠杆率预警监管压力越小
	通道业务规模	$CHANNEL$	通道业务资产/总资产
控制变量	银行资产规模（千亿）	$SIZE$	银行期末总资产
	贷款规模	$LOAN$	贷款净额/总资产
	平均资产回报率	$ROAA$	净利润/期初和期末总资产余额平均数
	GDP（千亿）	GDP	国内生产总值

资料来源：本表内容由作者整理得出。

6.2.2 数据处理与描述性统计

为排除数据极端值的影响，对资本充足率监管压力指标和杠杆率监管压力指标进行了 1% 水平的缩尾处理，资本监管压力最终为资本缓冲较小的资本充足率预警监管压力（$Gap2$）、资本缓冲较大的资本充足率预警监管压力（*Gap3*）、资本缓冲较小的杠杆率预警监管压力（*Plev2*）和资本缓冲较大的杠杆率预警监管压力（*Plev3*），并不涉及资本充足率惩罚监管压力（*Gap1*）和杠杆率惩罚监管压力（*Plev1*）。

在进行回归分析前，还需要注意以下问题：首先，由于多重共线问题会影响回归结果，因此需要对解释变量进行方差膨胀因子（Variance Inflation Factor，VIF）检验。本书所选定的10个指标（*ZS*、*Gap2*、*Gap3*、*Plev2*、*Plev3*、*CHANNEL*、*SIZE*、*ROAA*、*LOAN*、*GDP*），经计算得到的平均方差膨胀因子为1.42，说明不存在多重共线性问题。其次，为避免虚假回归，应保证各变量为平稳变量，因此需要对变量进行单位根检验。结果表明除了国内生产总值（*GDP*）和银行资产规模（*SIZE*）外，其余变量都不存在单位根，需要对国内生产总值（*GDP*）和银行资产规模（*SIZE*）取对数求差分，分别得到*GDP*增长率（*DLNGDP*）和银行资产规模增长率（*DLNSIZE*）。再次，进行单位根检验，结果表明变量不存在单位根。最后，为解决内生性问题，采用动态面板的广义矩估计方法（GMM）估计模型，为保证GMM的适用性，需采用AR（2）统计量对扰动项进行自相关检验，同时运用Sargan统计量对工具变量过度识别的有效性进行检验。

表6-8是各变量的描述性统计。从表6-8中可知：第一，我国样本商业银行的资本充足率（*CAR*）和杠杆率（*LEV*）的均值分别为0.1218和0.6521，均大于资本充足率和杠杆率监管要求。第二，资本缓冲较小的资本充足率预警监管压力（*Gap2*）、资本缓冲较小的杠杆率预警监管压力（*Plev2*）、资本缓冲较大的资本充足率预警监管压力（*Gap3*）及资本缓冲较大的杠杆率预警监管压力（*Plev3*）的标准差较大，尤其是资本缓冲较小的杠杆率预警监管压力（*Plev2*）的标准差，说明不同商业银行的资本情况仍然存在较大差异，因此也形成了不同的资本监管压力。

表6-8 主要变量描述性统计

符号	样本数	均值	标准差	最小值	最大值
ZS	1 246	−0.0005	2.1073	−3.0475	3.8125
CAR	1 246	0.1218	0.0384	0.0000	0.2075
Gap2	1 246	1.3199	1.6703	0.0000	7.9499
Gap3	1 246	0.6142	1.2634	0.0000	6.4541
LEV	801	0.6521	0.0959	0.4380	0.8800
Plev2	801	8.3018	10.3688	0.0000	51.8640
Plev3	801	0.7719	1.7303	0.0000	7.1141
CHANNEL	1 246	0.2835	0.1389	0.0000	0.6564
DLNSIZE	1 157	0.1735	0.1384	−0.2844	1.7276
ROAA	1 246	0.0095	0.0043	−0.0058	0.0300
LOAN	1 246	0.4635	0.1232	0.0000	0.7078
DLNGDP	1 157	0.0982	0.0371	0.0271	0.1689

数据来源：根据Stata软件输出结果整理得出。

6.2.3 回归结果与分析

表6-9报告了资本监管压力、银行通道业务规模及资本监管有效性指数的估计结果，其中列（1）和列（2）是资本监管压力对银行通道业务规模影响的估计结果，列（3）和列（4）是银行通道业务规模对资本监管有效性指数影响的估计结果；列（1）和列（3）使用的估计方法是差分GMM，列（2）和列（4）使用的估计方法是系统GMM。

表6-9 资本监管压力、银行通道业务规模及资本监管有效性指数的估计结果

被解释变量	银行通道业务规模（CHANNEL）		资本监管有效性指数（ZS）	
	（1）	（2）	（3）	（4）
Lag（1）	0.3735***	0.5789***	1.1977***	1.2287***
	（0.0087）	（0.0098）	（0.0031）	（0.0021）
CHANNEL			−0.2827***	−1.0583***
			（0.0686）	（0.0529）
Gap2	0.0058***	0.0035***		
	（0.0004）	（0.0007）		
Gap3	−0.0067***	−0.0096***		
	（0.0005）	（0.0010）		
Plev2	−0.0039***	−0.0052***		
	（0.0007）	（0.0008）		
Plev3	−0.0028***	−0.0043***		
	（0.0003）	（0.0005）		
DLNGDP	−0.1485***	−0.2474***	8.9345***	9.1614***
	（0.0105）	（0.0121）	（0.0460）	（0.0327）
DLNSIZE	0.1308***	0.1688***	−2.6616***	−2.0945***
	（0.0041）	（0.0068）	（0.0416）	（0.0225）
ROAA	−3.8411***	−1.0654***	74.9207***	66.6425***
	（0.3350）	（0.2954）	（2.0675）	（1.2490）
LOAN	−0.7617***	−0.5439***	−4.0441***	−5.7773***
	（0.0115）	（0.0157）	（0.1412）	（0.0828）
CONS	0.5796***	0.3996***	1.3764***	2.3949***
	（0.0086）	（0.0100）	（0.1026）	（0.0630）
AR（1）−P值	0.0000	0.0000	0.0000	0.0000

被解释变量	银行通道业务规模（CHANNEL）		资本监管有效性指数（ZS）	
	（1）	（2）	（3）	（4）
AR（2）-P值	0.6978	0.4429	0.4040	0.6456
Sargan-p值	0.2823	0.1375	0.1136	0.5202

注：***、**、*分别表示在1%、5%、10%水平上显著；括号内数值为稳健标准误。

数据来源：根据Stata软件输出结果整理得出。

在列（1）和列（2）中，*Gap2* 的系数分别为0.0058和0.0035，系数显著为正，即 *Gap2* 越大，银行通道业务规模越大，说明资本缓冲较小的资本充足率预警监管压力越大，银行通道业务规模越大；*Gap3* 的系数分别为-0.0067和-0.0096，系数显著为负，即 *Gap3* 越大，银行通道业务规模越小，说明资本缓冲较大的资本充足率预警监管压力越小，银行通道业务规模越小。*Plev2* 的系数分别为-0.0039和-0.0052，系数显著为负，即 *Plev2* 越大，银行通道业务规模越小，说明资本缓冲较小的杠杆率预警监管压力越大，银行通道业务规模越小；*Plev3* 的系数分别为-0.0028和-0.0043，系数显著为负，即 *Plev3* 越大，银行通道业务规模越小，说明资本缓冲较大的杠杆率预警监管压力越小，银行通道业务规模越小。除此之外，以上结果还可推导出：资本充足率和银行通道业务规模之间呈负向关系，杠杆率和银行通道业务规模之间呈"倒U形"关系。

对于控制变量来说，*DLNGDP* 的系数分别为-0.1485和-0.2474，系数显著为负，即 *GDP* 增长率越大，银行通道业务规模越小，说明在经济上行期，我国商业银行利用通道业务赚取高额利润的情况比较少；*DLNSIZE* 的系数分别为0.1308和0.1688，系数显著为正，即银行资产规模增长率越大，银行通道业务规模越大，说明我国商业银行资产规模的大幅增长，有很大一部分是由于商业银行通道业务规模的大幅增长；$ROAA$ 的系数分别为 -3.8411 和 -1.0654，系数显著为负，即银行平均资产回报率越小，银行通道业务规模越大，说明我国商业银行平均资产回报率较低时，我国商业银行利用通道业务赚取高额利润的可能性越大；$LOAN$ 的系数分别为 -0.7617 和 -0.5439，系数显著为负，即银行的贷款规模越大，银行通道业务规模越小，说明传统信贷规模越大，我国商业银行利用通道业务进行放贷的可能性越小。

总结列（1）和列（2）的实证结果可知：第一，资本充足率预警监管压力很大时，我国商业银行监管套利最为严重。一种原因可能是我国商业银行就是利用大规模的通道业务进行监管套利，才勉强达到了资本充足率监管标准；另一种原因可能是我国商业银行刚达到资本充足率监管标准，资本充足率预警监管压力很大，还需要更多的利润补充资本，因此商业银行利用通道业务进行监管套利，从而获取更多的高额利润。第二，杠杆率预警监管压力很大时，我国商业银行监管套利的可能性很低，说明杠杆率预警监管压力对我国商业银行监管套利产生了制约作用，随着杠杆率预警监管压力的变小，这种制约作用也逐步减小。第三，资本缓冲大的资本充足率预警监管压力或杠杆率预警监管压力很小时，意味着资本充足率或杠杆率非常高时，银行通道业务规模很小。

在列（3）和列（4）中，$CHANNEL$ 的系数分别为 -0.2827 和 -1.0583，系数显著为负，即银行通道业务规模越大，资本监管有效性指数越小，说明我国商业银行利用通道业务进行监管套利会降低资本监管的有效性。

6.2.4 稳健性检验

本节的稳健性检验采用指标替代法，具体为：第一步，将资本充足率监管压力指标、杠杆率监管压力指标分别替换为资本充足率指标（**CAR**）、杠杆率指标（**LEV**），为了进一步探讨其"U形"特征，又分别添加了这两个指标的平方项；第二步，将资本监管有效性指数替换为 *z-score*，*z-score* 衡量银行与其破产之间的距离，*z-score* 越大代表银行的破产风险越小。因其偏度较大，故本书对 *z-score* 取对数并求相反数以方便解释变量，作为银行破产风险承担的代理指标，记作 **RISK**，具体表达式为：

$$RISK_{it} = -LnZ_{it} = -Ln\frac{ROAA_{it} + CA_{it}}{\sigma_{it}} \tag{6.12}$$

公式（6.12）中，i 代表银行，t 代表年份，*ROAA* 代表银行的平均资产回报率，用净利润与期初和期末总资产余额平均数的比值表示；*CA* 代表银行的资本资产比，用股东权益总计与总资产的比值表示；σ 代表平均资产回报率的标准差。**RISK** 的值越大，代表银行的风险承担水平越大。

2008—2012 年，资本监管主要是资本充足率监管；2013—2021年，资本监管主要是资本充足率监管和杠杆率监管，故设置 I 为二值虚拟变量，2013 年以前取值为 0，2013 年以后取值为 1。因此，稳健性检验所构建的实证模型如下所示，即：

$$CHANNEL_{it} = \partial + \partial_0 CHANNEL_{it-1} + \partial_1 CAR_{it} + \partial_2 CAR^2_{it} + \partial_3 LEV_{it} \times I + \partial_4 LEV^2_{it} \times I + \partial_5 M_{it} + \varepsilon_{it} \tag{6.13}$$

$$RISK_{it} = \gamma + \gamma_0 RISK_{it-1} + \gamma_1 CHANNEL_{it} + \gamma_2 M_{it} + \delta_{it} \tag{6.14}$$

公式（6.13）代表资本监管对银行通道业务规模的影响，公式（6.14）代表银行通道业务规模对银行破产风险承担的影响。表 6-10 列出了稳健性检验的估计结果，其中列（1）和列（2）是资本监管指标对银行通道业务规模影响的估计结果，资本监管指标采用的是资本充足率指标、杠杆率指标、资本充足率指标的平方项和杠杆率指标的平方项；列（3）和列（4）是银行通道业务规模对银行破产风险承担影响的估计结果；列（1）和列（3）使用的估计方法是差分GMM，列（2）和列（4）使用的估计方法是系统GMM。

表6-10　　　　　　　　稳健性检验的估计结果

被解释变量	银行通道业务规模（CHANNEL）		银行破产风险承担（RISK）	
	（1）	（2）	（3）	（4）
Lag（1）	0.3998***	0.6015***	0.2948***	0.2627***
	（0.0102）	（0.0121）	（0.0044）	（0.0044）
CHANNEL			0.0412***	0.0146**
			（0.0024）	（0.0069）
CAR	0.3907***	0.2471***		
	（0.0385）	（0.0503）		
LEV*I	0.5775***	0.5331**		
	（0.1157）	（0.2195）		
CAR*CAR	−3.1952***	−2.9656***		
	（0.0385）	（0.3134）		
LEV*LEV*I	−10.3552***	−10.8284***		
	（1.6578）	（3.3009）		
DLNGDP	−0.2039***	−0.3152***	0.0324***	0.0750***
	（0.0126）	（0.0133）	（0.0077）	（0.0104）
DLNSIZE	0.1269***	0.1575***	0.1424***	0.1351***
	（0.0048）	（0.0081）	（0.0031）	（0.0035）
ROAA	−4.1259***	−1.2157***	−3.5867***	−5.5664***
	（0.3542）	（0.2556）	（0.1696）	（0.1923）
LOAN	−0.7568***	−0.5361***	−0.0577***	−0.0955***
	（0.0130）	（0.0166）	（0.0064）	（0.0137）

被解释变量	银行通道业务规模（CHANNEL）		银行破产风险承担（RISK）	
	(1)	(2)	(3)	(4)
CONS	0.5840***	0.4137***	−0.8716***	−0.8703***
	(0.0106)	(0.0115)	(0.0060)	(0.0102)
AR（1）−P值	0.0000	0.0000	0.2091	0.2134
AR（2）−P值	0.6682	0.4043	0.6846	0.6435
Sargan−p值	0.2411	0.1215	0.2391	0.1676

注：***、**、*在分别表示1%、5%、10%水平上显著；括号内数值为稳健标准误。

数据来源：根据Stata软件输出结果整理得出。

在列（1）和列（2）中，CAR的系数分别为0.3907和0.2471，系数显著为正，CAR平方的系数分别为−3.1952和−2.9656，系数显著为负，初步判定资本充足率指标和银行通道业务规模的关系在数理上呈"倒U形"；LEV的系数分别为0.5775和0.5331，系数显著为正，LEV平方的系数分别为−10.3552和−10.8284，系数显著为负，初步判定杠杆率指标和银行通道业务规模的关系在数理上呈"倒U形"。结合实际的经济意义，经济数值应为正数，因此还需进一步分析。本节使用stata软件中的utest命令，通过对比极值和最值的大小来判断正负值，得到最终判定结果：第一，资本充足率指标和银行通道业务规模的"倒U形"关系只取"右部分"，意味着资本充足率指标和银行通道业务规模的关系呈负相关，即随着资本充足率指标的增长，银行通道业务规模逐步降低。第二，杠杆率指标和银行通道业务规模的关系呈"倒U形"，即随着杠杆率的增大，银行通道业务规模先增长后降低。在列（3）和列（4）中，CHANNEL的系数分别为0.0412和0.0146，系数显著为正，即银行通道业务规模越大，银行破产风险承担越大，降低了资本监管的有效性。以上检验进一步佐证了本书实证研究结果的稳健性。

6.3　进一步分析

6.3.1　异质效应

我国商业银行可分为国有大型银行、股份制银行、城商行和农商行，它们不仅在规模上不同，在经营理念、管理方式和风险偏好等方面也有诸多不同，因此在研究资本监管和我国商业银行监管套利的关系时，有必要引入不同银行类型的虚拟变量进行异质性分析。假设国有大型银行、股份制银行、城商行和农商行的虚拟变量分别为 big、stock 和 city，通过引入银行类型与资本监管压力的交互项以及银行类型与银行通道业务规模的交互项，分别考察资本监管压力对银行通道业务规模的异质性影响以及银行通道业务规模对资本监管有效性指数的异质性影响。为减少多重共线性问题的发生，还需对交互项的连续变量进行中心化处理，即对 $Gap2$、$Gap3$、$Plev2$、$Plev3$ 及 $CHANNEL$ 进行中心化处理后，分别得到 c_Gap2、c_Gap3、c_Plev2、c_Plev3 及 $c\_CHANNEL$。以下动态面板模型采用的估计方法是系统 GMM。

1）资本监管压力对银行通道业务规模的异质性影响

表 6-11 是资本监管压力对银行通道业务规模异质性影响的回归结果，其中，列（1）是对全样本进行估计，列（2）、列（3）和列（4）分别引入了国有大型银行、股份制银行、城商行和农商行的虚拟变量，分析资本监管压力对银行通道业务规模的异质性影响。从回归结果可知，在列（1）、列（2）、列（3）和列（4）中，银行通道业务

规模的一阶滞后项系数都显著为正，说明银行通道业务规模具有经济变量的惯性特征，利用动态面板模型进行研究较为合理。除列（4）以外，*Gap2* 的系数都显著为正，说明资本缓冲较小的资本充足率预警监管压力越大，银行通道业务规模越大；*Gap3* 的系数都显著为负，说明资本缓冲较大的资本充足率预警监管压力越小，银行通道业务规模越小；*Plev2* 的系数都显著为负，说明资本缓冲较小的杠杆率预警监管压力越大，银行通道业务规模越小；*Plev3* 的系数都显著为负，说明资本缓冲较大的杠杆率预警监管压力越小，银行通道业务规模越小。

表6-11 资本监管压力对银行通道业务规模异质性影响的回归结果

被解释变量	银行通道业务规模（*CHANNEL*）			
	（1）	（2）	（3）	（4）
Lag（*1*）	0.5789***	0.5705***	0.5871***	0.5853***
	(0.0098)	(0.0134)	(0.0142)	(0.0145)
Gap2	0.0035***	0.0038***	0.0048***	−0.0030
	(0.0007)	(0.0008)	(0.0009)	(0.0013)
Gap3	−0.0096***	−0.0101***	−0.0094***	−0.0057*
	(0.0010)	(0.0011)	(0.0010)	(0.0032)
Plev2	−0.0052***	−0.0049***	−0.0040***	−0.0118***
	(0.0008)	(0.0011)	(0.0011)	(0.0014)
Plev3	−0.0043***	−0.0041***	−0.0044***	−0.0079***
	(0.0005)	(0.0005)	(0.0004)	(0.0011)
big		−0.0959***		
		(0.0309)		
*big*c_Gap2*		0.0030**		
		(0.0013)		

被解释变量	银行通道业务规模（CHANNEL）			
	（1）	（2）	（3）	（4）
big *c_Gap3		0.0076***		
		（0.0020）		
big *c_Plev2		−0.0035		
		（0.0083）		
big *c_Plev3		−0.0016		
		（0.0019）		
stock			−0.0090	
			（0.0062）	
stock*c_Gap2			−0.0083***	
			（0.0020）	
stock*c_Gap3			0.0103*	
			（0.0054）	
stock*c_Plev2			−0.0082***	
			（0.0018）	
stock*c_Plev3			−0.0026*	
			（0.0014）	
city				0.0246***
				（0.0049）
city*c_Gap2				0.0080***
				（0.0018）
city*c_Gap3				−0.0038
				（0.0030）
city*c_Plev2				0.0077***
				（0.0018）

被解释变量	银行通道业务规模（CHANNEL）			
	（1）	（2）	（3）	（4）
city*c_Plev3				0.0038***
				（0.0011）
DLNGDP	−0.1485***	−0.2504***	−0.2585***	−0.2594***
	（0.0105）	（0.0121）	（0.0136）	（0.0138）
DLNSIZE	0.1308***	0.1653***	0.1753***	0.1749***
	（0.0041）	（0.0085）	（0.0066）	（0.0067）
ROAA	−3.8411***	−1.1006***	−1.3537***	−1.3904***
	（0.3350）	（0.3941）	（0.3710）	（0.3778）
LOAN	−0.7617***	−0.5328***	−0.5344***	−0.5312***
	（0.0115）	（0.0147）	（0.1699）	（0.0151）
CONS	0.5796***	0.4049***	0.3968***	0.3879***
	（0.0086）	（0.0099）	（0.0115）	（0.0100）
AR（1）−P值	0.0000	0.0000	0.0000	0.0000
AR（2）−P值	0.6978	0.4473	0.4640	0.4564
Sargan−p值	0.2823	0.1356	0.1355	0.1297

注：***、**、*分别表示在1%、5%、10%水平上显著；括号内数值为稳健标准误。

数据来源：根据Stata软件输出结果整理得出。

列（2）的回归结果显示，big*c_Gap2的系数显著为正，即国有大型银行强化了资本缓冲较小的资本充足率预警监管压力对银行通道业务规模的影响，说明资本缓冲较小的资本充足率预警监管压力越大，银行通道业务规模越大，而国有大型银行强化了这种影响；big*c_Gap3的系数显著为正，即国有大型银行弱化了资本缓冲较大的资本充足率预警监管压力对银行通道业务规模的影响，说明资本缓冲较大的资本充足率预警监管压力越小，银行通道业务规模越小，而国有大型银行弱化了这种影响。

列（3）的回归结果显示，*stock*c_Gap2* 的系数显著为负，即股份制银行弱化了资本缓冲较小的资本充足率预警监管压力对银行通道业务规模的影响，说明资本缓冲较小的资本充足率预警监管压力越大，银行通道业务规模越大，而股份制银行弱化了这种影响。*stock*c_Gap3* 的系数显著为正，即股份制银行弱化了资本缓冲较大的资本充足率预警监管压力对银行通道业务规模的影响，说明资本缓冲较大的资本充足率预警监管压力越小，银行通道业务规模越小，而股份制银行弱化了这种影响。*stock*c_Plev2* 的系数显著为负，即股份制银行强化了资本缓冲较小的杠杆率预警监管压力对银行通道业务规模的影响，说明资本缓冲较小的杠杆率预警监管压力越大，银行通道业务规模越小，而股份制银行强化了这种影响。*stock*c_Plev3* 的系数显著为负，即股份制银行强化了资本缓冲较大的杠杆率预警监管压力对银行通道业务规模的影响，说明资本缓冲较大的杠杆率预警监管压力越小，银行通道业务规模越小，而股份制银行强化了这种影响。

列（4）的回归结果显示，*city*c_Plev2* 的系数显著为正，即城商行和农商行弱化了资本缓冲较小的杠杆率预警监管压力对银行通道业务规模的影响，说明资本缓冲较小的杠杆率预警监管压力越大，银行通道业务规模越小，而城商行和农商行弱化了这种影响。*city*c_Plev3* 的系数显著为正，即城商行和农商行弱化了资本缓冲较大的杠杆率预警监管压力对银行通道业务规模的影响，说明资本缓冲较大的杠杆率预警监管压力越小，银行通道业务规模越小，而城商行和农商行弱化了这种影响。

综上可知：第一，对国有大型银行来说，其强化了资本缓冲较小的资本充足率预警监管压力对银行通道业务规模的正向影响且弱化了资本缓冲较大的资本充足率预警监管压力对银行通道业务规模的负向影响，说明国有大型银行对资本充足率监管更加敏感，且更愿意利用通道业务进行监管套利。国有大型银行拥有优质抵押物的优势，可以通过中期借贷便利（MLF）融入低成本资金，加之众多网点可以吸纳公众存款，因此国有大型银行的低成本资金来源比较充足，但需要大规模的"资金出口"进行投资，由于受到资本充足率、存贷比以及行业投向等多方限制，国有大型银行大规模利用通道业务进行监管套利，从而实现利润的增长。第二，对股份制银行来说，其削弱了资本充足率对我国商业银行通道业务规模的负向影响且强化了杠杆率和我国商业银行通道业务规模的"倒 U 形"关系，说明股份制银行对资本充足率监管和杠杆率监管均敏感。当资本缓冲较小的资本充足率预警监管压力很大或杠杆率预警监管压力很大时，股份制银行利用通道业务进行监管套利程度很低；当资本缓冲较大的资本充足率预警监管压力较小时，股份制银行利用通道业务进行监管套利的程度很高；当资本缓冲较大的杠杆率预警监管压力较小时，股份制银行利用通道业务进行监管套利的程度很低。通过以上内容可知，杠杆率监管对股份制银行利用通道业务进行监管套利形成了有效约束；对于刚达到资本充足率监管标准的股份制银行来说，资本充足率预警监管压力对股份制银行利用通道业务进行监管套利形成了有效约束；一旦远超资本充足率监管标准，股份制银行会大规模地利用通道业务进行监管套利。第三，对城商行和农商行来说，其削弱了杠杆率和我国商业银行通道业务规模的"倒 U 形"关系，说明城商行和农商行对杠杆率监管更加敏感。城商行和农商行由于网点布局范围较小且缺少优质抵押物，因此融入资金的成本比较高，加之城商行和农商行的投资能力较弱，更多的是发行同业存单并利用通道业务赚取利差，而利差收入与规模成正比，即利差收入的增长依赖于规模的增长，因此城商行和农商行更加追求银行的高杠杆（娄飞鹏，2017）[157]。

2）银行通道业务规模对资本监管有效性指数的异质性影响

表6-12是银行通道业务规模对资本监管有效性指数异质性影响的回归结果，其中，列（1）是对全样本进行估计，列（2）、列（3）和列（4）分别引入了国有大型银行、股份制银行、城商行和农商行的虚拟变量，分析银行通道业务规模对资本监管有效性指数的异质性影响。从回归结果可知，在列（1）、列（2）、列（3）和列（4）中，$CHANNEL$ 的系数都显著为负，说明银行通道业务规模越大，资本监管有效性指数越低。列（2）的回归结果显示，$big*c\_CHANNEL$ 的系数显著为正，说明国有大型银行削弱了银行通道业务规模对资本监管有效性指数的负向影响。列（3）的回归结果显示，$stock*c\_CHANNEL$ 的系数显著为正，说明股份制银行削弱了银行通道业务规模对资本监管有效性指数的负向影响。列（4）的回归结果显示，$city*c\_CHANNEL$ 的系数显著为负，说明城商行和农商行强化了银行通道业务规模对资本监管有效性指数的负向影响。综上可知：国有大型银行和股份制银行弱化了银行通道业务规模对资本监管有效性指数的负向影响，城商行和农商行强化了银行通道业务规模对资本监管有效性指数的负向影响，这说明在银行通道业务规模对资本监管有效性指数的影响方面，城商行和农商行的影响颇大。一个主要原因是，与国有大型银行和股份制银行相比，城商行和农商行的融入资金成本更高且投资能力更弱，在多方受限的情况下，城商行和农商行主要通过发行同业存单并利用通道业务赚取利差，而利差收入的增长非常依赖银行的高杠杆，城商行和农商行不仅面临信贷风险，还面临规模风险，因此城商行和农商行在一定程度上强化了银行通道业务规模对资本监管有效性指数的负向影响。

表6-12　银行通道业务规模对资本监管有效性指数的异质性影响的回归结果

被解释变量	资本监管有效性指数（ZS）			
	（1）	（2）	（3）	（4）
Lag（1）	1.2287***	1.2305***	1.2298***	1.2310***
	(0.0021)	(0.0023)	(0.0022)	(0.0020)
CHANNEL	−1.0583***	−1.0640***	−1.0732***	−0.8805***
	(0.0529)	(0.0630)	(0.0498)	(0.0900)
big		−0.1447**		
		(0.0703)		
big*c_CHANNEL		0.3720***		
		(0.1163)		
stock			−0.3669***	
			(0.0344)	
stock*c_CHANNEL			0.1668**	
			(0.0823)	
city				0.3164***
				(0.0271)
city*c_CHANNEL				−0.1739**
				(0.0693)
DLNGDP	9.1614***	9.1751***	9.1797***	9.1895***
	(0.0327)	(0.0371)	(0.0445)	(0.0383)
DLNSIZE	−2.0945***	−2.0893***	−2.0921***	−2.0865***
	(0.0225)	(0.0229)	(0.0318)	(0.0310)
ROAA	66.6425***	67.2143***	67.4686***	68.2253***
	(1.2490)	(1.3837)	(1.0084)	(1.0134)
LOAN	−5.7773***	−5.7750***	−5.7461***	−5.7039***
	(0.0828)	(0.0941)	(0.0703)	(0.0770)

被解释变量	资本监管有效性指数（ZS）			
	（1）	（2）	（3）	（4）
CONS	2.3949***	2.3983***	2.4248***	2.0369***
	（0.0630）	（0.0723）	（0.0530）	（0.0590）
AR（1）-P值	0.0000	0.0000	0.0000	0.0000
AR（2）-P值	0.6456	0.3627	0.3632	0.3618
Sargan-p值	0.5202	0.4826	0.4818	0.4818

注：***、**、*分别表示在1%、5%、10%水平上显著；括号内数值为稳健标准误。

数据来源：根据Stata软件输出结果整理得出。

6.3.2 调节效应

通过引入资本充足率监管压力与杠杆率监管压力的交互项以及资本监管压力与银行通道业务规模的交互项，分别考察资本充足率监管压力和杠杆率监管压力共同对银行通道业务规模的影响及资本监管压力和银行通道业务规模共同对资本监管有效性指数的影响。表6-13是调节效应分析的回归结果，其中，列（1）和列（3）是对全样本进行估计，列（2）是资本充足率监管压力与杠杆率监管压力共同影响银行通道业务规模的回归结果，列（4）是资本监管压力与银行通道业务规模共同影响资本监管有效性指数的回归结果。

在列（1）和列（2）中，*Gap2*的系数显著为正，*Gap2*Plev2*的系数显著为负，即资本缓冲较小的杠杆率预警监管压力削弱了资本缓冲较小的资本充足率预警监管压力对银行通道业务规模的影响，说明资本缓冲较小的资本充足率预警监管压力越大，银行通道业务规模越

表6-13　　　　　　　　　　　调节效应分析的回归结果

被解释变量	银行通道业务规模（CHANNEL）		资本监管有效性指数（ZS）	
	（1）	（2）	（3）	（4）
Lag（1）	0.5789***	0.5008***	1.2287***	1.2301***
	(0.0098)	(0.0111)	(0.0021)	(0.0038)
Gap2	0.0035***	0.0053***		−0.0773***
	(0.0007)	(0.0006)		(0.0036)
Gap3	−0.0096***	−0.0098***		0.1007***
	(0.0010)	(0.0008)		(0.0044)
Plev2	−0.0052***	−0.0085***		0.0016
	(0.0008)	(0.0021)		(0.0056)
Plev3	−0.0043***	−0.0054***		−0.0098***
	(0.0005)	(0.0006)		(0.0016)
Gap2*Plev2		−0.0037***		
		(0.0007)		
Gap3*Plev2				
Gap2*Plev3		0.0005***		
		(0.0001)		
Gap3*Plev3		0.0029***		
		(0.0006)		
c_CHANNEL*c_Gap2				−0.3051***
				(0.0253)
c_CHANNEL*c_Gap3				−0.2774***
				(0.0414)

被解释变量	银行通道业务规模（CHANNEL）		资本监管有效性指数（ZS）	
	（1）	（2）	（3）	（4）
c_CHANNEL*c_Plev2				−0.1989***
				（0.0293）
c_CHANNEL*c_Plev3				−0.0773***
				（0.0102）
CHANNEL			−1.0583***	−0.1654**
			（0.0529）	（0.0839）
DLNGDP	−0.2474***	−0.2322***	9.1614***	8.5385***
	（0.0121）	（0.0105）	（0.0327）	（0.0939）
DLNSIZE	0.1688***	0.1596***	−2.0945***	−2.2802***
	（0.0068）	（0.0057）	（0.0225）	（0.0540）
ROAA	−1.0654***	−1.1012***	66.6425***	49.6747***
	（0.2954）	（0.2918）	（1.2490）	（2.1060）
LOAN	−0.5439***	−0.5875***	−5.7773***	−5.3114***
	（0.0157）	（0.0156）	（0.0828）	（0.1401）
CONS	0.3996***	0.4397***	2.3949***	2.2227***
	（0.0100）	（0.0117）	（0.0630）	（0.0979）
AR（1）−P值	0.0000	0.0000	0.0000	0.0000
AR（2）−P值	0.4429	0.4749	0.6456	0.7977
Sargan−p值	0.1375	0.8831	0.5202	0.5207

注：***、**、*分别表示在1%、5%、10%水平上显著；括号内数值为稳健标准误。

数据来源：根据Stata软件输出结果整理得出。

大，资本缓冲较小的杠杆率预警监管压力削弱了这种影响。*Gap2* 的系数显著为正，*Gap2*Plev3* 的系数显著为正，即资本缓冲较大的杠杆率预警监管压力强化了资本缓冲较小的资本充足率预警监管压力对银行通道业务规模的影响，说明资本缓冲较小的资本充足率预警监管压力越大，银行通道业务规模越大，资本缓冲较大的杠杆率预警监管压力强化了这种影响。*Gap3* 的系数显著为负，*Gap3*Plev3* 的系数显著为正，即资本缓冲较大的杠杆率预警监管压力削弱了资本缓冲较大的资本充足率预警监管压力对银行通道业务规模的影响，说明资本缓冲较大的资本充足率预警监管压力越小，银行通道业务规模越小，资本缓冲较大的杠杆率预警监管压力削弱了这种影响。综上可知，在银行资本达标的情况下，较低的资本充足率和较低的杠杆率相搭配是合适的，该组合降低了银行通道业务规模；较低的资本充足率和较高的杠杆率相搭配是不合适的，该组合提高了银行通道业务规模；较高的资本充足率和较高的杠杆率相搭配是合适的，该组合降低了银行通道业务规模。以上分析说明，资本充足率和杠杆率的搭配要适应，差别太大会给银行创造监管套利的空间。

在列（3）和列（4）中，*CHANNEL* 的系数显著为负，*c_CHANNEL*c_Gap2*、*c_CHANNEL*c_Gap3*、*c_CHANNEL*c_Plev2*、*c_CHANNEL*c_Plev3* 的系数均显著为负，即资本缓冲较小的资本充足率预警监管压力、资本缓冲较大的资本充足率预警监管压力、资本缓冲较小的杠杆率预警监管压力和资本缓冲较大的杠杆率预警监管压力均强化了银行通道业务规模对资本监管有效性指数的负向影响。综上可知，在银行资本达标的情况下，过低的资本充足率、杠杆率，或过高的资本充足率、杠杆率，都会强化银行通道业务规模对资本监管有效性指数的负向影响，因此银行的资本充足率水平或杠杆率水平要适当，不能过高也不能过低。巴曙松等（2014）[165] 认为在资本充足率和杠杆率都满足《巴塞尔协议Ⅲ》的最低要求的前提下，如果资本充足率×50%=杠杆率，这种搭配最为合适，此时资本充足率和杠杆率都能发挥效用。

6.4　小结

本章以我国2008—2021年的89家商业银行为研究对象，通过构建资本监管压力指标、银行通道业务规模指标及资本监管有效性指数，实证分析了在银行利用资本监管漏洞实现监管套利的前提下，资本监管压力对商业银行监管套利的影响以及商业银行监管套利对资本监管有效性的影响，并进行了异质效应分析和调节效应分析。实证结果显示：第一，资本缓冲较小的资本充足率预警监管压力很大时，我国商业银行监管套利最为严重。第二，资本缓冲较小的杠杆率预警监管压力很大时，我国商业银行监管套利的可能性很低，说明资本缓冲较小的杠杆率预警监管压力对我国商业银行监管套利产生了制约作用，随着杠杆率预警监管压力的变小，这种制约作用逐步减小到一定程度。第三，资本缓冲较大的资本充足率预警监管压力或杠杆率预警监管压力较小时，意味着资本充足率或杠杆率非常高时，银行通道业务规模很小。第四，以上结论还可推导出资本充足率与银行通道业务规模呈负向关系，杠杆率与银行通道业务规模呈"倒U形"关系。第五，银行通道业务规模越大，资本监管有效性指数越小，说明我国商业银行利用通道业务进行监管套利会降低资本监管的有效性。

除此之外，利用交互项还进行了异质效应分析和调节效应分析。通过异质效应的实证结果发现：第一，国有大型银行对资本充足率监管更加敏感；股份制银行对资本充足率监管和杠杆率监管均敏感；城商行和农商行对杠杆率监管更加敏感。第二，在银行通道业务规模对资本监管有效性指数的影响方面，城商行和农商行影响颇大。通过调节效应的实证结果发现：第一，资本充足率和杠杆率的搭配要适应，差别太大会给商业银行创造监管套利的空间。第二，在银行资本达标的情况下，过低的资本充足率、杠杆率，或过高的资本充足率、杠杆率，都会强化银行通道业务规模对资本监管有效性指数的负向影响，因此商业银行的资本充足率水平或杠杆率水平要适当，不能过高也不能过低。

国外完善资本监管、减少银行监管套利的实践与启示

2007 年美国次贷危机的发生，清晰地暴露出现行的金融监管体系并未阻止银行监管套利的盛行，最终演变成一场灾难性的全球金融危机。为了更好地应对银行监管套利及维护金融体系的稳定性，美国、英国和德国等发达经济体基于本国的金融监管漏洞进行了大规模的金融改革。本章梳理了美、英、德三国的金融监管改革路线及银行监管套利内容，试图从它们的改革过程中寻求完善资本监管、减少银行监管套利的实践与启示。

7.1 美国完善资本监管、减少银行监管套利的实践

7.1.1 美国金融监管框架

1）早期的美国金融监管制度

1782 年，北美银行成立，这是美国第一家银行，随后各州银行相继成立，由于这些银行都在州政府注册，因此州政府对其进行监督检查，而联邦政府不参与其中。各州银行在成立之初都有比较良好的发展态势，但由于其滥发货币等原因，造成美国货币流通紊乱，银行危机频发。因此，美国联邦政府于 1791 年成立美国第一银行，这也是美国中央银行的雏形。显然美国第一银行的存在威胁到了各州银行的利益，遭到了各州银行强烈的反对，最终美国第一银行在 1811 年注册期满后停业。随后各州银行继续扩张，超发货币现象越来越严重，与英国的战争局面使货币流通更加恶化，因此美国联邦政府于 1817 年成立美国第二银行，出于与美国第一银行谢幕一样的原因，美国第二银行在 1836 年注册期满后停业。此后，美国银行业进入了自由时期，州银行数量不断扩张，但自身的风险管理能力薄弱，破产银行的数量不断增多，对当时的美国经济造成很大的破坏。1864 年，

美国国会通过《国民银行法》，从法律上规定联邦政府拥有对金融业实施管理的权限，从此开启了国民银行和州银行共存的金融监管制度。为将中央银行管理职能从联邦政府中分离出来，美国国会于1913年通过《联邦储备法》，建立起联邦储备体系，代表美国中央银行成立。

1929年之前，大量美国银行涉足证券业，在1929年10月24日，美股崩盘，大批银行倒闭，这一天被称为"黑色星期四"。为此，美国于1933年颁布《格拉斯—斯蒂格尔法案》，明确规定银行业务要与证券业务相分离，标志着美国进入了"分业经营、分业监管"的时期。从20世纪30年代到70年代末，美国严格的分业经营、分业监管模式防止银行业、证券业和保险业之间的风险交叉传递，监管部门各司其职，促进了美国经济的复苏。

2）次贷危机前的美国金融监管制度

20世纪70年代末，在全球经济一体化的大环境下，银行综合化的经营模式可以为全球客户提供更加全面的金融服务，使银行更具有竞争力。银行业务、证券业务和保险业务开始相互交叉联系，混业经营的态势势不可挡，加之英国、日本银行率先采取了综合化经营方式，美国银行的领先地位岌岌可危。因此，美国于1999年颁布《金融服务现代化法案》，取消了1933年《格拉斯—斯蒂格尔法案》对分业经营的限制，允许金融机构以控股的方式实现银行、证券与保险等业务的相互渗透，这标志着美国进入了"混业经营"的时期。

美国在1999年实施《金融服务现代法案》后，形成了联邦政府、州政府及专业监管机构的"双重多头"金融监管模式。所谓"双重"是指根据金融机构注册地的不同将监管层面分为联邦政府和州政府。联邦政府的金融监管机构主要包括美国联邦储备委员会（FRS）、证券交易委员会（SEC）、货币监理署（OCC）及联邦存款保险公司

（FDIC）等。而州政府的金融监管机构是各州设立自己的监管机构，对本州注册的金融机构进行监管。所谓"多头"是指不同金融机构会受到不同监管部门的监管，这些监管部门之间并没有上下级的隶属关系。由于联邦政府和各州政府享有共同监管权，因此对银行的监管，不仅由联邦层面的美联储、货币监理署和联邦存款保险公司负责，还同时由注册地所在州的监管机构负责。

美国"双重多头"金融监管模式具有以下优点：一是美联储对不同专业监管机构的监管职责进行界定和划分，防止分业监管下各专业监管机构的监管职责不清晰；二是各专业监管机构与美联储的监管出现分歧时，专业监管机构拥有优先执行权的制度；三是为了防止金融控股公司内部不同业务之间的风险传递，美联储作为混业监管中的上级机构，对风险进行整体把关和控制。这种金融监管模式的优点是结合了混业监管和分业监管的优势，弊端是协调成本太高，监管机构可能会因为协调不畅导致监管重叠、监管空白或监管冲突，无法对金融风险进行有效管理。

7.1.2 美国资本监管下的银行监管套利

20世纪80年代，拉美债务危机发生以后，美国监管机构打算提高本国银行资本金，但遭到国内银行的反对，认为此举会降低美国银行的竞争力。因此美国利用其自身的政治地位，联合英国向其他国家推出"《巴塞尔协议Ⅰ》+分业监管"模式。20世纪90年代，混业经营下的银行利用金融创新逃避监管、获取高额利润，在分业监管模式下屡出状况。为了限制银行的监管套利，美国再次联合英国向其他国家推出"《巴塞尔协议Ⅱ》+金融自由化理念"模式（钟震等，2017）[166]。随着《巴塞尔协议》的不断改进，资本监管范围越来越广泛，标准也越来越高，银行监管套利也不断升级。

美国银行监管套利的主要方式是资产证券化。由于美国"婴儿潮"一代在成年后的住房需求激增，银行的住房抵押贷款相继增加，资产证券化市场逐步形成。20世纪70年代到80年代所发生的储贷危机，使资产证券化的功能发生了转变，它不仅可以缓解银行的流动性不足的问题，还可以规避资本充足率监管。由于银行住房抵押贷款的风险系数为100%，银行为了满足《巴塞尔协议》中的资本充足率监管要求，具有强烈规避资本监管的动机，因此利用资产证券化降低风险加权资产占比，从而提高了资本充足率，满足了资本监管要求。以美国的资产证券化为例，其具体操作流程为：首先，银行将住房抵押贷款出售给第三方机构，主要包括房利美（Fannie Mae）、吉利美（Ginnie Mae）和房地美（Freddie Mac）等；其次，第三方将住房抵押贷款通过资产证券化转化成抵押贷款支持证券（mortgage-backed securities，MBS）或资产支持债券（asset-backed securities，ABS）；最后将抵押贷款支持证券或资产支持债券出售给不同风险级别的投资者。

资产证券化市场形成之初，主要是为了解决银行的流动性不足问题，但发展到最后，它成为了银行监管套利的工具，接连出现债务担保债券（CDO）、信用违约互换（CDS）等业务，纯粹为了套利而套利。在这一过程中，资产证券化这个链条将整个金融市场参与者串联起来，金融产品在各个金融机构之间不断重新定价、重组和转移，它已不再是一家监管机构能够完全负责的。除此之外，"双重多头"的监管模式使监管部门对不同金融领域或金融机构的监管边界模糊不清，存在监管重复、监管空白或者监管冲突等问题，因此对"包装过度"的资产证券化产品的监管已游离于美联储、货币监理署、联邦存款保险公司、证券交易委员会的监管之外，原先具有优势的多头监管模式成为了劣势，悄然形成的系统性风险所造成的破坏已无法避免。

7.1.3　美国完善资本监管、减少银行监管套利的措施

1）完善资本监管

2010 年 7 月，美国政府颁布《多德—弗兰克华尔街改革和消费者保护法案》（DFA），该法案根据金融危机所爆发出的问题，提出进一步完善资本监管制度，具体内容主要包括：第一，对系统重要性银行实施最高标准的资本监管要求，特别是在资本充足率、杠杆率及风险集中度等方面。第二，要求银行建立逆周期资本，目的是在经济繁荣期提高银行资本金标准，在经济衰退期降低银行资本金标准，从而维护金融体系的稳定性。第三，高风险投资比例不得超过一级资本的 3%。2013 年 7 月，美国联邦储备委员会（FRS）、联邦存款保险公司（FDIC）及货币监理署（OCC）就《巴塞尔协议Ⅲ》联合发布了资本监管改革新规，这些新规对资本监管的要求与《巴塞尔协议Ⅲ》基本一致。

2）设立金融服务监管委员会

《多德—弗兰克华尔街改革和消费者保护法案》（DFA）的重点成果之一就是成立了金融稳定监管委员会（Financial Stability Oversight Council，FSOC），主要负责对威胁金融稳定的风险进行识别和应对、为其他监管部门提供风险提示及为美联储提供意见指导等，旨在加强对系统性风险的管理，维护美国金融体系的稳定。金融稳定监管委员会（FSOC）在财政部领导下，由联邦储备委员会、货币监理署、证券交易委员会、联邦存款保险公司、商品期货交易委员会、联邦住房金融委员会、消费者金融保护局、全国信用社管理局等部门组成。其工作职责主要包括：建议美联储提高对大型金融机构在资本充足性、杠杆及流动性等方面的监管标准；委员会认定某个非银行金融机构具有系统性风险且可能会对金融稳定造成破坏时，有权将该机构纳入美

联储的监管；委员会认定某金融机构存在威胁金融稳定的风险资产时，可建议美联储拆分该金融机构的高风险资产并进行隔离。可见，金融稳定监管委员会（FSOC）并没有监管实权，但对于防堵金融监管漏洞、稳定美国金融稳定具有重要作用。

3）加强美联储监管权力

在美国次贷危机爆发之前，美联储只是名义上对银行、证券公司或保险公司等金融机构具有监管权力，如果其他专业监管机构与美联储存在分歧，其可优先行使裁决权。美国一系列的金融监管改革，强化了美联储的监管权力，确立了美联储是美国金融监管体系中的最高监管机构，其监管范围不仅包括银行，还包括投资银行、证券基金、保险公司及金融控股公司等，旨在提高美联储管理系统性风险的能力。

7.2 英国完善资本监管、减少银行监管套利的实践

7.2.1 英国金融监管框架

1）早期的英国金融监管制度

1694年，世界第一个股份制银行成立，即英格兰银行。一直以来，英国的金融监管主要以行业自律为主。1844年7月29日，英国国会通过《皮尔条例》，以法律的形式确立了英格兰银行的货币发行地位，成为世界上最早的中央银行。在20世纪70年代以前，英国的金融业以行业自律为监管准则，并没有法律上的金融监管制度。

2）次贷危机前的英国金融监管制度

20世纪70年代，英国发生了严重的二级银行（Secondary Bank）挤兑危机，因此英国政府颁布了《1979年银行法》，赋予英格兰银行

进行金融监管的权力，但仍采用"双层银行体系"，即声誉好的银行仍采取先前的非正式监管，其余的接受英格兰银行监管。20 世纪 80 年代，在自由经济的思想浪潮下，银行混业经营势不可挡，英国首相撒切尔夫人为重振英国的金融业，于 1986 年 10 月颁布《1986 年金融服务法》，该法案被称为金融改革的"大爆炸"，认可所有金融机构都参与到证券业务中去，使金融业务更加自由。这一次金融改革使金融业的经营模式从分业经营转向混业经营，但金融监管模式却仍属于分业监管。1991 年国际商业信贷银行的欺诈丑闻暴露、1995 年巴林银行因新加坡子公司的巨额亏损而倒闭，说明英国的分业监管模式已经无法适应新出现的混业经营模式，因此布莱尔政府于 1997 年 10 月将传统的分业监管机构合并成金融服务管理局（Financial Services Authority，FSA），负责对所有金融机构进行监管；而英格兰银行只执行货币政策，例如提供流动性及承担最后贷款人的角色，其金融监管权力被剥离出来；财政部负责金融监管组织架构及监管立法。从此，英国金融监管体系以金融服务管理局、英格兰银行及财政部三方合作的方式存在，共同维护金融稳定发展，而《财政部、英格兰银行和金融服务局之间的谅解备忘录》等一系列制度被用来协调三方分工协作关系。这场金融改革最终以《1998 年英格兰银行法》和《2000 年金融服务与市场法》的出台而宣告结束，英国金融改革也从"混业经营、分业监管"转变为"混业经营、混业监管"。

金融服务管理局的监管理念主要以"风险为本"和"原则导向"为主，旨在提高金融系统的运行效率。因此，金融机构将拥有更大的自主权，可以决定在一定监管目标下如何达到效益最大化，同时监管机构也降低了监管成本，这种监管理念在当时受到很多发达国家的青睐。

7.2.2 英国资本监管下的银行监管套利

英国与美国的监管理念非常相似，都是以市场自由为导向，两国作为盟友还共同推动了《巴塞尔协议Ⅰ》到《巴塞尔协议Ⅱ》的演进。因此，在越来越严格的资本监管下，两国银行监管套利的手段也基本相同，都对住房抵押贷款进行了资产证券化，既满足了对高额利润的追求，也规避了资本监管。

美国次贷危机发生之后，英国也难独善其身。北岩银行（Northern Rock）是英国第五大抵押贷款机构，2007年9月，北岩银行受美国次贷危机影响发生了严重的挤兑事件，北岩银行所发生的流动性危机不仅与自身监管套利有关，还与当时英国监管机构的监管理念有关。金融服务管理局（FSA）以"风险为本"和"原则导向"的监管理念赋予金融机构管理层更大的自由，其并不参与监管金融机构的经营过程，而是更注重金融机构的行为结果，这一监管理念促使金融机构管理层更加激进。北岩银行的管理层不断扩大资产规模，主要集中于住房抵押贷款，为了维持其利润增长，管理层改变了负债策略——减少零售存款且持有更多的批发融资，因此北岩银行的贷款利率一直比较低。除此之外，北岩银行为了追求高额利润和规避资本监管，将未到期的住房抵押贷款打包出售给第三方，从而获得融资。2007年8月，北岩银行因美国次贷危机而出现融资困难，并寻求英格兰银行的紧急注资，英格兰银行于9月14日发表紧急注资声明后，北岩银行出现大规模的挤兑。2008年2月，财政部对北岩银行进行了临时国有化，代表着北岩银行就此落幕。

北岩银行流动性危机发生的根本原因是资产扩张极端且依赖短期批发融资，最终造成资产负债期限错配。英国的金融监管体系也遭到了质疑。英国与金融服务管理局、英格兰银行及财政部合作的金融监管体系并没有发挥预期的作用，表现在：一是金融服务管理局负责微观金融机构的监管，只关注个体金融机构的行为，忽略了系统性金融风险；二是英格兰银行负责宏观监管，但面对系统性金融风险，却没有监管实权；三是财政部负责维护法律体系，并没有危机处理的职责。可见"三方监管"模式并没有遏制系统性金融风险的蔓延，且缺乏宏观监管视角，未能对英国金融稳定起到保驾护航的作用。

7.2.3　英国完善资本监管、减少银行监管套利的措施

1) 构建"双峰"监管模式

2009年2月，英国议会通过《2009年银行法》，进一步巩固了英格兰银行的核心监管地位，但金融监管体系依然在"三方监管"模式下运行。2010年5月，保守党上台以后，卡梅伦政府开启了新的金融改革方案。2012年12月，英国议会通过《2012年金融服务法》，采用"准双峰"监管模式取代了原先的"三方监管"模式，建立了"一行一会两局"的监管模式。自此，英国新的金融监管模式正式建立，原先的金融服务管理局被分拆，具体为：一是金融稳定理事会（the Council for Financial Stability，CFS）取代了之前的"三方委员会"；二是英格兰银行、金融政策委员会（Financial Policy Committee，FPC）、审慎监管局（Prudential Regulation Authority，PRA）和金融行为监管局（Financial Conduct Authority，FCA）取代了金融服务管理局的监管职能。英格兰银行和金融行为监管局成为"双峰"，以实现审慎监管和金融消费者权益保护的目标。

金融稳定理事会（CFS）主要研究英国金融体系内存在的可能风险，每年定期召开会议，并发布系统性风险分析报告。英格兰银行是英国金融监管体系中的最高权力机构，主要负责微观审慎监管、宏观审慎监管和货币政策，从而全面维护英国金融体系的稳定性。金融政

策委员会（FPC）是英格兰银行董事会的下设委员会，主要负责宏观审慎监管，对系统性风险进行识别和评估，并采取积极措施加以应对。审慎监管局（PRA）建立之初属于英格兰银行的附属机构，主要负责微观审慎监管，对银行、保险、证券等金融机构进行监管。2016年通过的《英格兰银行与金融服务法》规定，审慎监管局将不再作为英格兰银行的附属机构，而成为英格兰银行董事会的下设委员会——审慎监管委员会（PRC），与英格兰银行下的金融政策委员会（FPC）、货币政策委员会（MPC）并列成为三大专业委员会，从而实现微观审慎监管、宏观审慎监管和货币政策的相互配合。金融行为监管局（FCA）是单独设立的机构，通过对各金融机构的市场行为监管，从而保护金融消费者的权益。因此，在"双峰"监管模式下，实现了三个监管目标，即微观审慎监管、宏观审慎监管和行为监管。

2）结构性监管改革

2010年6月，英国政府成立银行业独立委员会（Independent Commission on Banking，ICB），专门解决银行"大而不能倒"所产生的道德风险问题。2011年9月，以John Vickers为首的银行业独立委员会（ICB）向英国政府提交了《维克斯委员会报告》，该报告提出结构性分离，即把零售银行业务与投行业务隔离开，也称"围栏法则"，围栏以内的业务主要是以个人或中小企业的存贷款、结算等业务为主，需要进行保护，而围栏以外的业务主要是风险较高的证券交易、投行业务及衍生品交易等，需要对其提高资本水平。在"围栏法则"下，如果受隔离保护银行的风险加权资产规模与英国GDP的比值处于1%至3%时，核心资本充足率最低标准应达到7%至10%；如果受隔离保护银行的风险加权资产规模与英国GDP的比值大于3%时，核心资本充足率最低标准应达到10%以上；如果受隔离保护银行被认定为系统重要性银行，还应额外持有7%至10%的资本，系统重要性银行的资本充足率最终达到17%至20%（边卫红和郭梅亮，2011）[167]。

总体来说，"结构性分离"并不是真正分离业务，重新回归到分业监管之中，只是将银行业务进行划分，促使银行回归到重要的传统业务中，而对高风险业务则选择提高资本以增强损失吸收能力，防止风险扩散到其他领域中，从而降低危机发生的可能性，维护金融体系的稳定性。

7.3 德国完善资本监管、减少银行监管套利的实践

7.3.1 德国金融监管框架

1）早期的德国金融监管制度

19世纪50年代，德国工业化发展迅猛，需要大量资金，当时的银行不仅为企业提供贷款，还对企业进行投资，因此企业对银行形成了高度依赖，这种模式不仅推动了德国经济的进一步发展，还促使很多综合性银行拔地而起。可以说，德国全能银行业的雏形起始于这段时期，主要以私人银行为主。在之后的几十年里，随着德国工业化的发展，相继出现股份制银行、储蓄银行、信用社等，这些银行服务于不同领域，其中股份制银行主要服务工业经济，储蓄银行和信用社主要服务中小型加工业企业、商业企业及农业领域（陈柳钦，2008）[168]。普鲁士王国在1870年统一德国，并于1874年颁布《帝国银行法》，代表德国进行金融监管的初次尝试，并设立德意志帝国银行作为中央银行。

德国作为一战的参与国和二战的挑起国，在1945年5月8日宣布战败，这两场战争严重冲击了德国的经济和金融秩序。德国西部于

1949 年 5 月 23 日成立联邦共和国，被美、英、法国占领，实施西方的金融制度。1957 年 6 月，政府颁布《德意志联邦银行法》，成立德国中央银行，即德意志联邦银行，并具有高度的独立性，主要负责金融监管和货币政策。为防止德意志联邦银行的权力扩张，德国政府根据《1961 年银行法》成立银行监管机构，即联邦银行监管局，隶属于财政部，与德意志联邦银行相互独立，主要负责对银行业进行监管，同时设保险监管机构和证券监管机构分别对保险和证券进行监管。德国东部于 1949 年 10 月 7 日成立德意志民主共和国，被苏联占领，实施苏联的金融制度，即中央集权和计划经济。

1990 年 10 月 3 日，东德并入西德领土，最终成为德意志联邦共和国。20 世纪 90 年代末期，德国的"全能型银行"成为集商业银行和投行业务为一体、揽私人客户与机构客户于一身、汇零售业务及批发业务于一炉、视全球市场为一家的综合性极强的欧洲乃至世界大银行（陈柳钦，2008）[168]。在 2002 年以前，德国一直处于"混业经营、分业监管"的时期，但德国的混业经营与英美国不同，英美国的混业经营是金融控股公司之间的混业经营，德国的混业经营是全能银行内部的混业经营。但二者都存在金融机构之间的关联风险日益增大的问题，风险积聚爆发的可能性也随之增大，因此金融监管面临着新的改革。

2）次贷危机前的德国金融监管制度

2002 年 4 月 22 日和 4 月 30 日，德国政府分别颁布了《统一金融服务监管法》和《德意志联邦银行法》，旨在建立新的银行体系，德国政府合并银行监管机构、保险监管机构和证券监管机构，并于 2002 年 5 月成立德国联邦金融监管局（BaFin），依照原有的《德国银行法》、《德国证券交易法》及《保险监管法》，对银行、证券和保险进行统一监管。自此，德国联邦财政部、德国联邦金融监管局及德意志联邦银行成为德国的三大金融监管机构。

德国联邦财政部主要负责为政府制定金融政策、维护金融稳定及促进银行业公平竞争。德国联邦金融监管局是拥有监管实权的综合监管部门，主要负责联邦政府对监管制度的制定与颁布，由于其没有分支机构，因此具体金融监管的实施还是依靠德意志联邦银行。德意志联邦银行及分支机构将银行的日常监管信息上报，由德国联邦金融监管局进行最后决策。总的来讲，德国联邦金融监管局主要负责微观金融机构的监管，包括收集每家银行日数据并进行分析。德意志联邦银行依据《德意志联邦银行法》的相关规定，主要负责货币政策的宏观监管。

德国的金融监管一直以稳健性著称，其不仅依靠官方部门监管，还依靠于非官方部门监管，例如社会审计机构、行业协会等。外部审计这类机构在德国金融监管中是非常重要的环节，它遵守相关法规及行业规定，承担对银行的现场监管职责，并将审计报告提供给德国联邦金融监管局。

7.3.2 德国资本监管下的银行监管套利

美国次贷危机发生后，资产证券化被认为是危机发生的源头，但德国的资产证券化程度并不高，在这场危机中的巨大损失主要是由于美国资产证券化产品在德国跨国银行投资中占比很高所造成的。虽然德国稳健的金融监管使其成功抵御了 2007 年的次贷危机和 2010 年的欧债危机，但这并不代表德国的金融监管没有问题或者德国银行不存在监管套利。德国的大型银行，例如德意志银行，配合国家完成战略实施，是德国经济复苏和增长的重要推动力，因此也成为了德国金融监管机构的"宠儿"（董小君和钟震，2017）[169]，对这些大型银行放松监管也使银行监管套利成为可能。

20世纪90年代以后，全球经济增速放缓，德国的大型银行为追求更高的利润增长点，开始发展投行业务，因此其经营策略在国际化的进程中变得更为激进。德国的大型银行作为系统重要性银行，其监管套利主要来自以下几个方面：第一，系统重要性银行持有的衍生品数量规模庞大，德国金融监管机构却没有严格的相关监管措施。根据郭宏宇（2015）[170]的研究，以德意志银行为例，全球金融衍生品从2003年开始大幅扩张，多是资产支持证券、抵押贷款支持证券这类用于增强流动性的金融衍生品。在2008年德意志银行金融衍生品的规模就高达50.4万亿欧元，美国次贷危机对其造成极大的损失。2008年金融危机发生后，以互换、期权这类用于保险的金融衍生品开始受到欢迎，德意志银行大规模持有这类金融衍生品，面临的集中风险很高。第二，单一的资本充足率监管指标没有反映出银行真实的资产质量和风险。《巴塞尔协议Ⅲ》颁布以前，单一资本充足率指标对系统重要性银行来说很容易达标，没有任何资本监管的压力。《巴塞尔协议Ⅲ》推出杠杆率监管后，系统重要性银行也达到了监管要求，例如德意志银行在2015年的资本充足率监管都是达标的，杠杆率监管刚刚超过3%，低于其他国家的平均杠杆率水平，德意志银行最终因为衍生品的冲击在这一年出现了巨额亏损。第三，本国金融监管机构对系统重要性银行的跨境业务监管很少，导致这些系统重要性银行在跨境业务中的投机性很强。德国联邦金融监管局主要关注国内微观金融机构的监管，忽视了国际层面的风险，更加关注系统重要性银行在本国的行为，忽视了跨境行为，因此对系统重要性银行的跨境业务监管具有滞后性。

7.3.3 德国完善资本监管、减少银行监管套利的措施

2007年美国次贷危机爆发后，德国虽然受到波及，但没有像英

美等国受到如此大的冲击。值得肯定的是，德国稳健的金融监管体系有其自身的价值，紧跟国际社会的金融改革势头，德国监管机构也因地制宜地提出金融改革方案。

1）成立金融稳定委员会

德国依据2013年颁布的《金融市场稳定法》成立金融稳定委员会（Financial Stability Committee，FSC），该金融稳定委员会由财政部、德意志联邦银行、联邦金融监管局、金融市场稳定局四个部门组成，其中前三个部门的代表有投票表决权，德央行还单独享有否决权。金融稳定委员会的工作职责主要是加强宏观审慎监管，建立微观审慎监管和宏观审慎监管的联系，识别德国金融体系内部的风险因素，对财政部、德国联邦金融监管局等提出风险警告和避免风险的建议等。

2）强化德意志联邦银行监管权力

一直以来，德国联邦金融监管局主要负责微观金融机构的监管，德意志联邦银行主要负责货币政策的宏观监管，财政部负责处理二者之间的分歧。但金融危机之后，德国联邦金融监管局与德意志联邦银行合作的不协调更加突显，二者信息共享并不完全畅通，表现在：一是德国联邦金融监管局主要关注国内微观金融机构的监管，忽视了国际层面的风险；二是德意志联邦银行的宏观监管职能又无法触及问题的核心。因此，德国财政部重新定义了德国联邦金融监管局和德意志联邦银行的监管权限，即德国联邦金融监管局主要是建立逆周期性的资本缓冲机制和加强对金融机构杠杆率的监测；德意志联邦银行为保障其货币政策的独立性，虽不是金融监管部门，但《金融市场稳定法》赋予德意志联邦银行拥有与德国联邦金融监管局一样的银行监管权。

7.4 国外完善资本监管、减少银行监管套利的启示

7.4.1 提高资本质量，增强银行的损失吸收能力

从《巴塞尔协议I》提出资本充足率监管以来，银行针对资本充足率的监管套利就不曾停止，即便各个银行拥有同等水平的资本充足率，也不代表拥有相同的资本结构，其偿付能力也不相同。因此，《巴塞尔协议Ⅲ》不仅提高了资本监管的数量，也提高了资本监管的质量，目的就是增强银行的损失吸收能力。资本的损失吸收能力可以从两个方面理解：一是银行持续经营下的损失吸收资本，当银行持续经营时，可能会因为经营不善而导致损失，需要资本工具及时弥补损失，这类资本工具最好是普通股或留存收益等。二是银行清算条件下的损失吸收资本，银行进行破产清算时，优先保护存款人和高级债权人，资本工具的受偿顺序只要在高级债权之后即可（中国银监会课题组，2010c）[171]。根据《巴塞尔协议Ⅲ》，一级资本主要用于银行在持续经营的条件下吸收损失，二级资本主要用于银行在破产清算的条件下吸收损失。

近几十年来，各国银行纷纷利用金融创新工具满足资本充足率监管要求，其中混合债务资本工具应用广泛，但只能在一定条件下吸收损失，在金融危机时，其吸收损失的作用非常有限。因此《巴塞尔协议Ⅲ》非常重视普通股和留存收益在总资本中的比例，旨在提升资本的损失吸收能力。普通股和留存收益对于银行来说，分别属于外源性融资和内源性融资，非常依赖于一个国家的资本市场发展水平以及银行的利润水平。

7.4.2　建立超级监管机构，减少银行监管套利机会

2008 年金融危机的爆发，突出表明银行混业经营与现行的金融监管体系不相适应，尤其在多头监管体系下，各监管机构的监管目标和监管责任存在差异，给银行提供了很多的监管套利机会。银行发展至今，其业务不仅仅是存款、贷款和结算等传统业务，而是广泛参与到证券、保险等业务中，成为混业经营的大型金融机构。以美国银行为例，其监管不仅由联邦层面的美联储、货币监理署和联邦存款保险公司负责，还同时由注册地所在州的监管机构负责，在"双重多头"的监管体系下，联邦政府和州政府之间存在的分歧，可能会造成监管重叠从而影响银行的发展，也可能会造成监管缺失致使银行利用监管空白进行监管套利。而建立超级监管机构可以统一监管权力，从而减少多头监管体系下的监管差异，进而减少银行监管套利的机会。因此在次贷危机后的改革中，很多国家成立了这样的超级监管机构，例如美国的金融稳定监督委员会（FSOC）、英国的金融政策委员会（FPC）以及德国的金融稳定委员会（FSC）等。

7.4.3　恢复央行监管权力，打造全能型监管机构

20 世纪 70 年代末，自由化思潮进入金融领域，非常崇尚市场的力量，因此西方国家的金融创新逐步增多，中央银行也逐步放松了对金融机构的监管。除此之外，《巴塞尔协议 I 》确立了以资本充足率监管为核心的资本监管，强调对个体风险加强监管，因此中央银行的监管权力被逐步分离出去。2008 年金融危机发生以后，系统性风险让各国监管机构措手不及，其中的原因在于：监管机构关注个体风险，没有宏观视野，忽视了系统性风险；中央银行虽有宏观视野，却没有监管权力。因此在后危机时代，各国政府开始重视宏观审慎监

管，恢复了央行原先的监管权力，几乎将所有的监管权力统一到了中央银行下，并同时实现三个监管目标，即货币政策、微观审慎监管和宏观审慎监管，央行最终成为全能型监管机构。

7.5　小结

本章对美国、英国以及德国的金融监管发展历程进行了梳理，从1988年《巴塞尔协议Ⅰ》提出以来，美、英、德这三国的金融监管主要围绕《巴塞尔协议》的资本监管进行微观审慎监管，而银行则利用资本监管漏洞进行监管套利，其中资产证券化业务发展迅猛，所产生的风险暗中积累。直到2007年美国次贷危机的爆发，美、英、德这三国受到了不同程度的影响，美、英两国是次级债的主要参与者，受到的损失最为严重，德国因为受到次级债的牵连，损失也不可避免。这场金融危机表明，以资本充足率为核心的微观审慎监管并不完善，银行利用资本监管漏洞进行了疯狂的监管套利，衍生出让监管机构无法察觉的金融生态。除此之外，金融监管机构设置不足也造成了监管重复或监管空白。因此美、英、德三国开展了一系列的金融监管改革，包括完善资本监管、建立超级监管机构和恢复央行监管权力。

8

完善我国资本监管、减少商业银行监管套利的对策

从以上研究中可知，资本监管漏洞为商业银行监管套利提供了空间，因此资本监管压力的趋严会影响商业银行监管套利，而商业银行监管套利又会影响资本监管的有效性。因此本章将根据国外银行的启示和我国商业银行存在的问题，结合《巴塞尔协议》，提出完善我国资本监管、减少商业银行监管套利的对策，包括进一步优化资本监管体系、转变金融监管理念以及完善金融监管体系，防止我国商业银行利用资本监管漏洞、监管理念短板以及金融监管空白进行监管套利，这有助于进一步提升我国资本监管的有效性，防范系统性风险的发生。

8.1　优化资本监管体系

通过第6章对我国商业银行监管套利的实证分析和第7章对国外银行完善资本、减少银行监管套利的实践启示，发现商业银行监管套利会降低资本监管的有效性。因此，在商业银行监管套利无法完全消除的情况下，要尤为重视资本的损失吸收能力，从而抵御商业银行监管套利盛行所带来的巨大风险。在《巴塞尔协议Ⅲ》出台之前，银行为满足资本充足率最低监管标准，通常采取"分子策略"或"分母策略"进行监管套利，从而达到躲避监管和获取利润的目的。所谓"分子策略"，是指通过虚增银行资本来满足资本监管标准，例如美国和德国分别利用永久累积优先股和隐名合伙权益等办法虚增银行一级资本，但真正吸收损失的普通股比例却很小；所谓"分母策略"，是指通过降低风险加权资产比例来满足资本监管标准。2008年发生的金融危机表明，为了躲避监管机构的资本监管，银行监管套利长期游离在金融监管之外，发展出了让监管机构都始料未及的金融生态，其隐藏的风险对金融系统乃至全球经济都造成了严重的破坏。更为严重的是，银行资本无法充分吸收损失，而对于系统重要性银行，其"大而不倒"的问题又迫使政府对其进行财政救助。因此，为了应对银行监管套利所带来的严重后果，《巴塞尔协议Ⅲ》提出构建多层次的资本监管体系，强调提高各层次资本的损失吸收能力。

8.1.1 提高最低资本要求中的资本质量

银行资本作用主要包括以下方面：一是吸收银行的损失；二是保护存款人利益；三是提升银行的风险管理能力；四是提高公众对银行的信任度。公众对银行的信任可以防止挤兑风险的发生，所以会形成一种假象，即资本充足率越高，公众的信任度越高，则银行挤兑事件发生的可能性越小，银行破产概率就越低。但在实际中，公众对银行的信任很少依赖资本充足率的高低，更多依赖于银行的资产质量、盈利能力、管理能力或者声誉情况等。因此，银行为更好地保护存款人的利益及维护金融体系的稳定性，其资本的核心功能应是更好地吸收损失。《巴塞尔协议Ⅲ》汲取金融危机的教训，进一步强化了资本监管，对资本质量和资本数量提出了更高的要求，并将银行资本被分为一级资本和二级资本。

一级资本包括核心一级资本和其他一级资本。一级资本主要用于银行在持续经营的条件下吸收损失，当银行正常经营时，可能会因为经营不善而导致损失，此时需要资本工具无条件地弥补损失以免银行因损失太大而破产。核心一级资本强化了普通股的地位，对普通股进行了严格的资本扣除，提高了银行在持续经营下无条件吸收损失的能力。其他一级资本主要指非累积性的、期限永续的、不包含赎回激励机制、包含转股或减记条款等条件的优先股或永续债等，其作用同样是使银行在维持经营的条件下参与损失吸收，与核心一级资本的不同之处在于会有一个早期触发点，触发点一旦被启动就会及时吸收损失。《巴塞尔协议Ⅲ》规定当银行的核心一级资本充足率下降到5.125%时，其他一级资本工具就必须转股或减记，直到核心一级资本充足率又恢复到5.125%以上。二级资本主要用于银行在破产清算的条件下吸收损失，如果二级资本质量堪忧，则无法充分吸收损失。政府为了缓解银行破产所产生的负外部性，不得不参与银行救助，但这无疑对公众是不公平的。因此《巴塞尔协议Ⅲ》进一步提高了银行二级资本工具的标准，确保银行在破产清算条件下可以充分地吸收损失。

8.1.2 构建多层次、差异化的资本监管体系

对于构建多层次的资本监管体系，其设计方案一直遵循着"以丰补歉、未雨绸缪"的思路。《巴塞尔协议Ⅲ》增加了2.5%的留存资本缓冲和0~2.5%的逆周期资本缓冲，这些资本缓冲都由核心一级资本满足。其中，留存资本缓冲可以确保银行在遇到危机时有能力吸收损失，尤其在银行资产头寸恶化时，可以减少肆意向股东分红或向高管发放高薪的行为。逆周期资本缓冲是指在经济上行期需要计提逆周期资本缓冲，可以更好地应对经济下行期有可能发生的损失。

根据第6章关于异质效应的实证研究，发现国有大型银行对资本充足率监管更加敏感，股份制银行对资本充足率监管和杠杆率监管均敏感，城商行和农商行对杠杆率监管更加敏感，可知不同类型的银行对资本充足率监管和杠杆率监管的反应是不一样的，因此构建差异化的资本监管体系具有重要意义。假定银行只存在一个代表性银行，即所有银行都会作出同样的决策，这显然与实际不符，因为不同类型银行的资本充足性、风险管理水平及决策方式等因素都不同，因此对资本监管的反应也不相同。2023年10月，国家金融监督管理总局公布了《商业银行资本管理办法》，提出要对我国商业银行进行三档分

类，并满足差异化的资本监管要求，旨在降低我国中小型银行的合规成本，充分发挥其金融活跃作用，更好地服务实体经济。

8.1.3 解决"大而不能倒"问题——总损失吸收能力

《巴塞尔协议Ⅰ》和《巴塞尔协议Ⅱ》都关注个体银行的风险自担能力，忽略了系统重要性银行所产生的系统性风险。以2008年美国银行业为例，美国民众对美国政府拿纳税人的钱救助系统重要性银行的正当性产生了质疑，但美国政府秉持救助的理由也存在一定的合理性，即系统重要性银行的倒闭会给金融系统带来毁灭性打击以及一连串的后续问题。最终美国政府迫于公众压力，并没有对每家系统重要性银行进行救助，而雷曼兄弟的倒闭所产生的负外部性无疑是巨大的。基于此，《巴塞尔协议Ⅲ》对系统重要性银行提出了1%的附加资本要求。

对产生"大而不能倒"问题的系统重要性银行，金融稳定理事会（FSB）于2011年11月发布《针对系统重要性金融机构（G-SIFIs）的政策措施》，由巴塞尔银行监管委员会打分评选出29家首批全球系统重要性银行，并对其提出更加严格的资本监管要求。但这些全球系统重要性银行进入处置阶段时，是否具有强大的损失吸收能力以及资本重组能力，是否可以通过自我救助延续银行的持续运营，仍然是一个悬而未决的问题。因此，金融稳定理事会于2015年11月发布《处置中G-SIBs损失吸收能力和资本重组原则及TLAC术语表》，对全球系统重要性银行提出了总损失吸收能力（Total Loss Absorb Capacity，TLAC）的自我救助机制，既能保证全球系统重要性银行不会轻易破产，又能降低政府的救助成本。

总损失吸收能力是指全球系统重要性银行进入处置阶段时，可以通过减记或转为普通股等方式吸收损失的资本和债务工具的总和。金融稳定理事会（FSB）设定了总损失吸收能力的两个监管指标，即TLAC风险加权比率和TLAC杠杆比率，分别代表总损失吸收能力规模与风险加权资产的比值以及总损失吸收能力规模和调整后表内外资产余额的比值。对于发达国家的全球系统重要性银行，过渡期时间安排为2019—2022年，TLAC风险加权比率和TLAC杠杆比率在2019年应分别达到16%和6%，在2022年应分别达到18%和6.75%；对于新兴市场国家的全球系统重要性银行，过渡期时间安排为2025—2028年。在《巴塞尔协议Ⅲ》和《总损失吸收能力（TLAC）原则和条款》的双重框架下，全球系统重要性银行在损失扩大的过程中，需要经历持续经营阶段下吸收损失、处置阶段下吸收损失以及破产清算阶段下吸收损失三个阶段，因此核心一级资本、其他一级资本以及资本缓冲在持续经营阶段下吸收损失，符合TLAC标准的工具在处置阶段下吸收损失，二级资本在破产清算阶段下吸收损失。其中，由于资本缓冲的作用是在持续经营阶段下吸收损失，因此已经计入资本缓冲的，则不再计入TLAC；核心一级资本应优先满足《巴塞尔协议Ⅲ》的最低资本监管和TLAC要求，再满足资本缓冲。最终，全球系统重要性银行的资本监管要求，在2019年至少为风险加权资产的19.5%~24.5%，在2022年至少为风险加权资产的21.5%~26.5%。

2018年11月，由中国人民银行、中国银保监会以及中国证监会联合发布《关于完善系统重要性金融机构监管的指导意见》；2020年12月，由中国人民银行和中国银保监会联合发布《系统重要性银行评估办法》；2021年9月，由中国人民银行和中国银保监会联合发布《系统重要性银行附加监管规定（试行）》，我国初步建立起国内系统重要性银行监管体系。2021年10月，中国人民银行、中国银保监会和财政部联合发布《全球系统重要性银行总损失吸收能力管理办法》，构建起我国的总损失吸收能力监管框架。这一系列举措不仅有利于增强我国全球系统重要性银行的损失吸收能力、提高金融系统的稳定性，还将鼓励银行创新开发符合总损失吸收能力所要求的债务工具，从而丰富了我国的债券品种，进一步完善了资本市场。

在金融稳定理事会（FSB）2021年公布的全球系统重要性银行（G-SIBs）名单中，我国的中国农业银行在第一组，中国银行、中国建设银行和中国工商银行在第二组，未来交通银行、招商银行、兴业银行等也有可能入围名单。对于入选的全球系统重要性银行，尤其在《总损失吸收能力（TLAC）原则和条款》实施以后，其会被实施更高的资本监管要求。2022年4月，中国人民银行和中国银保监会联合发布了《关于全球系统重要性银行发行总损失吸收能力非资本债券有关事项的通知》，在我国正式推出创新型的TLAC非资本债券，进一步拓宽了国内系统重要性银行的TLAC资本补充渠道，但我国资本市场的发展不完善，今后依然面临很大的资本补充缺口，需要继续探索开发TLAC所要求的债务工具，并且需要不断培育TLAC债务工具市场等。

8.2 加强多元金融监管

从金融监管历史看，监管机构与银行之间一直相互博弈，如同"猫鼠游戏"一般，监管机构一直在寻找一种最优监管模式，既可以推动银行在金融创新的催化剂下更好地服务于实体经济，又可以抑制银行利用金融创新"肆意妄为"。但历次的金融危机表明，不管是分业监管还是混业监管、是原则监管还是规则监管、是资本充足率监管还是杠杆率监管、是微观审慎监管还是宏观审慎监管，都难以凭借单一监管模式对银行形成有效约束。银行在趋利动机的影响下，会"巧妙"地利用单一监管模式的弊端进行监管套利。因此，金融监管发展至今，监管界限越来越模糊，单一监管模式逐步发展成多元监管模式，监管机构需要综合采用多元监管模式的优势，减少银行监管套利空间，从而对银行形成有效约束。

8.2.1　分业监管和混业监管

分业监管是指多个监管机构共同承担金融监管，一般银行业由银监会监管、保险业由保监会监管、证券业由证监会监管，这些监管机构相互分工协作，共同构成一个国家的金融监管体系。因此，分业监管的优点包括：（1）由于不同的行业具有不同的金融产品、不同的运营方式以及不同的监管标准，因此分业监管可以集中金融监管资源，有针对性地对银行业、保险业和证券业进行监管。（2）降低跨业的风险传播性，例如美国在20世纪30年代的大萧条时期，就是通过分业监管模式将银行业务与证券业务相分离，从而使经济进一步复苏。分业监管的缺点包括：（1）在混业经营的全球大趋势下，分业监管容易造成监管重叠或监管空白，从而降低金融机构的竞争力或增加金融机构监管套利的空间。（2）随着金融产品不断创新，分业监管的成本也越来越高，尤其各监管机构之间的沟通成本更加巨大。

混业监管是指只有一个监管机构对银行业、保险业和证券业进行监管，例如英国的金融服务管理局（FSA）和德国的联邦金融监管局（BaFin）。混业监管的优点包括：（1）由于只有一个监管机构，整合了各项资源，因此降低了监管成本；（2）面对金融机构的混业经营模式，监管机构的混业监管更加适合。混业监管的缺点包括：（1）混业监管降低了对某一行业的专注度，忽视了其小概率风险事件所造成的大影响；（2）对监管机构的监管能力提出了更高的要求，一旦出现决策失误，其代价也是相当巨大的。

对于分业监管和混业监管，它们并不是完全对立的，而是金融发展过程中不同阶段的产物。在金融发展之初，金融产品比较简单，金融机构之间的业务交叉很少，此时监管机构采用分业监管就可以保证金融系统的稳定性。随着金融机构之间的关联程度增强，金融业务往来频繁，混业经营规模逐步增加，此时分业监管的局限性就表现出来。因此各个国家的监管机构根据自身国情，采取不同的监管模式来应对这种金融变化。例如美国，20世纪30年代至70年代，美国一直是"分业经营、分业监管"模式；70年代后期，美国银行利用金融控股的方式开始混业经营，美国采用"双重多头"的方式进行金融监管；金融危机发生后，美国成立金融稳定监管委员会（FSOC），旨在从更宏观的角度对银行业、保险业和证券业进行监管，从而维护整个金融系统的稳定性。例如英国，20世纪80年代，英国银行开始混业经营，但监管方式一直是分业监管；90年代末期，英国开始进行混业监管，成立金融服务管理局（FSA）；金融危机发生后，原先的金融服务管理局被分拆，其监管职能被英格兰银行、金融政策委员会（FPC）、审慎监管局（PRA）和金融行为监管局（FCA）所取代。例如德国，在2002年以前，德国一直处于"混业经营、分业监管"的时期，德国是"全能型银行"的混业经营；2002年，德国成立联邦金融监管局（BaFin）进行混业监管；金融危机发生后，德国成立金融稳定委员会（FSC）。从美国、英国和德国的金融监管模式可知，没有纯粹的分业监管和混业监管，监管机构为了维护金融系统的稳定性，一直在分业监管和混业监管寻找合适的平衡点。

8.2.2　规则监管和原则监管

规则监管属于一种过程监管，监管机构对金融机构、金融市场、金融产品等制定详细的金融监管规则，并对违规行为进行惩处。因此，规则监管的优势在于：（1）详细的金融监管规则便于金融机构理解和遵守。（2）监管机构有规可依，自由裁量权的空间很小，保证了金融监管的公平性和连贯性。（3）金融监管规则的统一性增强了监管机构的可操作性，进一步缩小了各国金融监管水平的差距，减少了跨国监管套利机会。规则监管的劣势在于：（1）监管机构为了对金融机构的方方面面进行监管，其制定的金融监管规则必然细微而烦琐，这必然增加监管成本。（2）由于金融监管规则不能朝令夕改，因此面对快速发展的金融业来说，金融监管规则可能具有滞后性。（3）金融监管规则无法对每一项金融活动进行监管，金融机构完全可以利用监管空白进行监管套利。

原则监管属于一种结果监管，监管机构不再制定详细的监管规则，而将监管目标作为主要原则，金融机构只需要采取适当的方法遵守这些既定原则，这就意味着监管机构并不关注监管过程，只关注监管结果。因此，原则监管的优势在于：（1）监管机构在金融监管过程中更加依赖原则，而较少地依赖复杂的规则，因此降低了监管成本。（2）在原则监管的理念下，监管机构调动了金融机构的积极性，金融机构的高级管理层在面对客户或金融产品时，更加自主和灵活。（3）原则监管促使监管机构和市场效率之间的关系逐步缓和，更加重视市场效率的提升和市场纪律的培养。原则监管的劣势在于：（1）监管机构过度信赖金融机构的自律性，有"监管宽松"之嫌，而金融机构和监管机构的目标并不具有一致性，因此会使金融机构的高级管理层更加激进冒险。（2）监管机构过分关注监管结果，而忽略了监管过程中金融机构的小概率风险事件，当小概率风险事件发展成不可控的系统性风险时，监管机构会错过最佳管控时机。（3）监管机构拥有对原则监管的最终解释权，金融机构没有更具体的监管规则可以遵循，面对未来的不确定性，金融机构在逐利动机的驱使下更愿意选择"放手一搏"。

2008年金融危机发生之前，以美国为代表的规则监管和以英国为代表的原则监管都被很多国家采纳，但孰好孰坏依然没有形成统一结论。而金融危机的发生，美国和英国都难逃其难，也证明这两个国家的金融监管模式都没有发挥应有的作用，"狡猾"的金融机构利用了监管机构的监管短板，即监管重叠或监管空白，进行监管套利。对于目前金融市场不断出新的金融产品，细节化的规则监管往往具有滞后性，而灵活的原则监管更适应现在的局面，但同时不能完全放弃规则监管，而是应该将过程监管和结果监管有机结合起来，如同美国成立金融稳定监管委员会（FSOC）以及英国成立金融政策委员会（FPC）、审慎监管局（PRA）和金融行为监管局（FCA）等。对于我国来说，金融市场发展并不完善，金融稳定依然是首要目标，因此监管机构目前仍以规则监管为主，辅以原则监管。

8.2.3 资本充足率监管和杠杆率监管

在1988年《巴塞尔协议Ⅰ》推出之前，资本监管的主要方式是不涉及风险调整的杠杆率，即资本与资产的比值，以1981年的美国为例，监管机构对银行的资本充足性监管就是杠杆率监管，由于杠杆率不涉及风险敏感性，因此银行在同等规模的前提下，可以投资风险性更大的资产，从而实现监管套利。因此，《巴塞尔协议Ⅰ》在构建之初，就摒弃了杠杆率监管指标，采用了更具风险敏感性的资本充足率监管指标。

2008年金融危机爆发时，美国大型银行的资本充足率均达到了《巴塞尔协议》所要求的监管标准，甚至一些银行的资本充足率远远超越了监管标准，但依然没有阻止危机的蔓延，可见资本充足率所扮演的角色在当时并未发挥应有的作用。《巴塞尔协议Ⅲ》为了弥补资本充足率指标的不足，提出了不包含风险敏感性的杠杆率指标来补充资本充足率指标。因此，在资本充足率和杠杆率监管指标相互配合的情况下，不仅银行杠杆有了上限，而且银行风险加权比例也有了限制，这也是《巴塞尔协议Ⅲ》实行双重资本监管框架的初衷。根据第6章关于调节效应的实证结果，可知资本充足率和杠杆率的搭配要相适应，差别太大会给银行创造监管套利的空间，因此银行的资本充足率水平或杠杆率水平要适当，不能过高也不能过低。

8.2.4 微观审慎监管和宏观审慎监管

微观审慎监管与宏观审慎监管并不是两个对立体，而是金融发展过程中不同阶段的产物。在金融发展之初，金融机构的业务比较单一，各个金融机构之间的业务交叉规模较小且比较简单，因此监管机构只需微观审慎监管即可，即只要保证每个金融机构稳定就可以保证整个金融系统的稳定。随着金融创新的快速发展，金融机构之间的业务往来越来越频繁，业务相互交织且规模巨大，微观审慎监管的有效性减弱。从2008年的金融危机来看，很多银行在微观审慎监管下是符合监管标准的，但一些细小的风险不断累积形成了系统层面的风险，一旦某个金融机构发生"小风险、大影响"的风险事件，所形成的系统性风险必然会破坏整个金融系统的稳定性。尤其对于系统重要性银行，当系统性风险发生时，如果政府不救助，对金融系统造成的破坏性是巨大的；如果政府救助，就不得不用纳税人的钱去填补漏洞，这对纳税人无疑是不公平的。因此，《巴塞尔协议Ⅲ》将宏观审慎监管纳入到当前的金融监管体系当中，并与微观审慎监管相结合，共同维护金融体系的稳定。

《巴塞尔协议Ⅲ》不仅有以资本充足率为核心的微观审慎监管，还附加了杠杆率监管、留存资本缓冲、逆周期资本缓冲、系统重要性银行的附加资本，更加强调银行资本的损失吸收能力，而不是强调银行的风险转移能力，也更加注重维护整个金融体系的稳健性。除此之外，针对全球系统重要性银行，还提出了总损失吸收能力（TLAC），既保证全球系统重要性银行不要轻易破产，又要降低政府的救助成本，进一步说明当前的资本监管理念从微观审慎监管转变为微观审慎监管与宏观审慎监管并重。

8.3 填补金融监管漏洞

金融监管体系除了非常重要的资本监管制度外，还有监管组织结构、其他金融监管制度等关键要素，一旦这些关键要素出现不足或漏洞，商业银行同样可以利用这些漏洞进行监管套利，例如监管组织机构设置不合理所造成的监管冲突、机构监管的不全面所造成的监管空白、信息披露制度不健全所造成的银行资产不透明以及监督工作不到位所造成的监管缺失等，因此需要建立超级监管机构、引入功能监管、完善信息披露制度以及加强审计监督工作等，从而缩减商业银行监管套利的空间。

8.3.1 建立超级监管机构，形成监管合力

金融业发展至今，分业经营模式逐步发展为现在的混业经营模式，分业监管模式的弊端逐渐显露，出现了很多"监管重叠"、"监管真空"或"监管冲突"的问题，亟须建立符合现代金融混业经营创新发展特点的监管框架，因此超级监管机构应运而生。在美国次贷危机后的改革中，很多国家成立了超级监管机构，例如美国的金融稳定监督委员会（FSOC）、英国的金融政策委员会（FPC）及德国的金融稳定委员会（FSC）等。

在"混业经营、分业监管"的模式下，我国商业银行为追求高额

利润，其监管套利的种子逐渐萌芽，开始利用通道业务进行监管套利，通过这几年大规模的发展，交叉金融风险不断积聚，我国系统性风险随时都有爆发的可能。因此，建立超级监管机构可以进一步防范我国商业银行监管套利，亦可及早发现跨行业的传导风险，降低系统性风险的发生。2023年3月，中共中央、国务院印发了《党和国家机构改革方案》，决定在中国银行保险监督管理委员会基础上组建国家金融监督管理总局，亦不再保留中国银行保险监督管理委员会。2023年5月18日，国家金融监督管理总局正式挂牌。国家金融监督管理总局统一负责除证券业之外的金融监管，从而形成监管合力，可以有效应对商业银行、保险公司和证券公司等业务交叉融合的新形势，减少"监管重叠"、"监管真空"或"监管冲突"问题，压缩了我国商业银行监管套利的空间，从而更好地维护我国金融体系的稳定性。

8.3.2 引入功能监管，减少监管空白

功能监管是相对于机构监管而言的。所谓机构监管，是指不同的监管机构对不同类型的金融机构实施监管的一种金融监管方式，例如我国在"分业经营、分业监管"的模式下，银行业由银监会进行监管，保险业由保监会进行监管，证券业由证监会进行监管。机构监管的优势在于：第一，专业性很强，由于不同的金融机构从事不同的金融业务，而不同的金融业务具有不同的风险特性，各个监管机构会根据不同的风险特性制定不同的监管方式，因此金融机构的金融业务越单一，机构监管的有效性就越强。第二，监管成本较低，每一类型的金融机构只会受到一个监管机构的监管，在"上传下达"上，信息交流成本很低，因此监管成本在一定程度上比较低。但机构监管的劣势也是不言而喻的，随着金融创新的不断发展，金融产品越来越复杂且

边界越来越模糊，如果监管机构依然按照机构监管方式进行监管，必然会存在"监管空白"，金融机构就会利用"监管空白"进行监管套利。针对上述这种情况，可以采取两种解决办法：一是每一类型的金融机构设置多个监管机构进行监管，但信息交流成本必然很高，从而增加监管成本；二是采用所谓的功能监管，即监管机构不再根据金融机构的类型进行监管，而是根据金融机构特定的业务类型进行监管。功能监管的优势在于：第一，更好地解决了"监管空白"问题，由于功能监管更加关注金融机构的业务类型，因此面对金融机构的混业经营模式，可有效避免金融机构利用"监管空白"进行监管套利。第二，功能监管更加强调对"跨产品、跨机构、跨行业"业务进行监管，使得功能监管不只局限于金融机构的内部风险管理，更加关注整个金融体系的风险管理。但功能监管也具有劣势，即如何更加准确地对金融机构的业务类型进行划分，如果划分得过细，必然增加监管成本，如果划分得粗糙，"监管空白"问题依然不能解决。总体而言，在金融机构混业经营的大环境下，引入功能监管是大势所趋，利用其优势可在一定程度上减少金融机构监管套利的可能性。

8.3.3　完善信息披露制度，提高资产证券化的透明度

美国次贷危机发生后，资产证券化被认为是危机发生的源头。资产证券化作为商业银行监管套利的一种形式，利用"摘樱桃"、保留部分追索权、远程发起及间接增信等方式降低了监管资本的占用，但银行实际风险并未减少，风险暗中积累，最终形成无法控制的系统性风险。虽然资产证券化在实际操作中发生了诸多问题，但资产证券化所发挥的作用是不容忽视的，所以资产证券化的用途应该回归本源，即真正解决银行的流动性问题，而不是单纯地"为了套利而套利"，尤其在金融危机发生以后，若想延续资产证券化的生命，就必须完善

信息披露制度，提高资产证券化的透明度。

资产证券化属于结构性融资，其过程需要经历很多环节，因此要提高资产证券化的透明度，就必须在每个环节都做到透明。以信贷资产证券化为例，首先，银行对借款人发放贷款，形成了银行的信贷资产，这一环节需要披露银行放贷、借款人还贷等相关信息；其次，银行将信贷资产出售给特殊目的机构（SPV），这一环节需要披露资产出售等情况；再次，特殊目的机构对信贷资产进行分析，按照风险—收益原则进行结构化分层，这一环节需要披露分层标准等内容；最后，特殊目的机构发行资产支持债券（ABS）等，这一环节需要披露收益分配标准等。美国拥有成熟的资产证券化市场，在后危机时代，美国监管机构进一步对资产证券化市场开展了加强资产透明度的改革方案，其中包括对基础资产进行逐笔信息披露、建立资产证券化相关数据库等。

我国商业银行在 2005 年启动资产证券化试点，但受到 2008 年金融危机的影响，资产证券化业务中断。2012 年 6 月，中国人民银行、银监会、财政部联合发布《关于进一步扩大信贷资产证券化有关事项的通知》，我国商业银行的资产证券化业务再次启动。根据中国债券信息网发布的《2021 年资产证券化发展报告》，截至 2021 年末，全年发行资产证券化产品 3.1 万亿元，年末存量规模接近 6 万亿元。其中，信贷 ABS 全年发行 0.88 万亿元，占发行总量的 28%；年末存量规模接近 2.61 万亿元，占市场总量的 44%；个人住房抵押贷款支持证券（RMBS）占信贷 ABS 发行量的 57%，仍是发行规模中的最大品种。我国商业银行资产证券化从试点开始，优先采取的是优质资产，但随着资产证券化市场的不断发展，优质资产存量逐步减少，我国商业银行资产证券化发展到这一步，与美国银行危机前的资产证券化发展路径极为相似，但汲取美国次贷危机的教训，必须完善资产证券化的信息披露制度，提高我国商业银行的自愿披露意愿，从而限制我国商业银行的监管套利。

8.3.4　加强审计监督工作，强化金融监管职能

德国的金融监管一直以稳健性著称，这种金融监管体系帮助德国成功抵御了 2007 年的次贷危机和 2010 年的欧债危机。德国的金融监管不仅依靠官方部门，还依靠于非官方部门，例如社会审计机构等。社会审计机构在德国金融监管中是非常重要的参与者，它遵守相关法规及行业规定，承担对德国银行的现场监管职责，并向监管部门提供相关审计报告等。这里的社会审计机构并不是为银行服务的，而是为监管机构服务的。这二者的区别在于：为银行服务的审计机构是站在银行角度看待问题的，会对银行的资产、负债、所有者权益等信息的真实性负责；而为监管机构服务的审计机构是站在监管机构角度去审查监督银行的各项经济事务，从更加宏观的角度去分析银行与保险、证券等公司的业务往来，尤其涉及商业银行监管套利时，会深入分析银行资产负债表的变化、资金的流向等问题，并向监管机构出具相关审计报告。

因此，为监管机构服务的审计机构将面临更大的挑战，需要加强以下几个方面的工作：第一，转变审计机构以往的工作思路。以往审计机构的工作思路是查错纠弊，对银行报表的合规性进行审计，但为监管机构服务的审计机构要从对银行监督的角度进行工作，尤其现在是微观审慎监管和宏观审慎监管相结合的监管要求下，审计机构更要有宏观视野：除了对银行的交叉金融业务进行分析，还要研究对宏观经济的潜在影响等内容。第二，加强审计人员的专业素质水平。以往的审计人员以会计、审计为主，但为监管机构服务的审计人员需要具备金融、经济方面的专业知识。尤其针对商业银行监管套利，这种行

为与银行违规不同，它属于"形式不违法、实质违法"，具有很大的隐蔽性，因此审计人员需要有专业的金融风险识别能力和宏观经济分析能力。

8.4　小结

本章根据国外银行的启示和我国商业银行存在的问题，提出以下对策：第一，进一步优化资本监管体系，并提高资本的损失吸收能力，包括提高资本质量、构建多层次、差异化的资本监管体系以及提出总损失吸收能力的自我救助机制。第二，将单一监管模式转变为多元监管模式，充分发挥监管优势，即监管机构不再纠结于是分业监管还是混业监管、是原则监管还是规则监管、是资本充足率监管和还是杠杆率监管、是微观审慎监管还是宏观审慎监管，而是采用多元监管模式的优势，防止商业银行利用监管理念短板进行监管套利，从而对商业银行形成有效约束。第三，通过不断地完善金融监管体系，减少监管空白领域，从而降低商业银行监管套利的机会，包括建立超级监管机构、引入功能监管、完善信息披露制度以及加强审计监督工作等。

第 9 章

总结与展望

9.1 总结

第一，通过对研究背景和相关文献的梳理，明确了本书的研究意义、研究内容、研究方法和研究创新。

第二，通过对资本监管的理论分析，明确了资本和资本监管的含义、资本监管的动因、目标及有效性，并结合资本监管的理论基础，为下一步研究奠定基础。

第三，通过对商业银行监管套利的理论分析，明确了套利和监管套利的含义，从商业银行监管套利的动机、商业银行监管套利的实现条件以及商业银行监管套利的后果三个方面对商业银行监管套利进行了全面分析，并结合商业银行监管套利的理论基础，为下一步研究奠定基础。

第四，利用商业银行监管套利的分析框架，进一步分析了资本监管与商业银行监管套利之间的关系，发现资本监管压力影响了商业银行监管套利的动机、资本监管漏洞为商业银行监管套利提供了空间及商业银行监管套利削弱了资本监管的有效性，构建了包含银行、监管机构、存款客户和企业部门的四阶段动态博弈模型进行相关的数理验证。

第五，通过对我国资本监管情况和商业银行监管套利情况的梳理，发现我国商业银行为了躲避资本充足率等监管，利用通道业务长期进行监管套利的事实，而我国商业银行开展通道业务又加剧了金融风险、延长了资金链条以及降低了资本监管的有效性。

第六，以我国2008—2021年的89家商业银行为研究对象，构建了资本监管压力指标、银行通道业务规模指标和资本监管有效性指数，实证分析发现资本充足率预警监管压力和杠杆率预警监管压力对我国商业银行监管套利产生了不同的影响，且我国商业银行监管套利降低了资本监管的有效性，并进行了异质效应分析和调节效应分析。

第七，通过对美国、英国以及德国的金融监管发展历程、银行监管套利方式及相关金融改革措施的梳理，得出了提高资本质量、建立超级监管机构以及恢复央行监管权力的重要启示。

第八，根据国外银行的启示和我国商业银行存在的问题，为完善我国资本监管、减少商业银行监管套利提供政策建议。

9.2 展望

第一，我国新一轮的资本监管改革开启，国家金融监督管理总局于2023年11月公布了《商业银行资本管理办法》，并于2024年1月1日起施行，其中有关资本监管的变化会对商业银行监管套利产生新的影响，是今后的研究重点。

第二，随着我国金融体系的不断完善、融资渠道的逐步畅通以及资本市场的快速发展，实体经济的外部融资渠道会变得多元化，这意味着我国商业银行的信贷业务发展速度会有所减缓，而利润率的降低会促使银行寻找新的监管漏洞进行监管套利，因此防范商业银行监管套利会是我国金融监管过程中长期面对的课题。

参考文献

[1]　BELTRATTI A，PALADINO G.Basel Ⅱ and regulatory arbitrage： Evidence from financial crises ［J］. Journal of Empirical Finance，2016（39）：180-196.

[2]　郁芸君，张一林，彭俞超.监管规避与隐性金融风险［J］. 经济研究，2021，56（4）：93-109.

[3]　曾刚.监管套利视角的"影子银行"［J］. 金融市场研究，2013（4）：51-57.

[4]　KAHANE.Capital adequacy and the regulation of financial intermediaries ［J］. Journal of Banking and Finance，1977，1（2）：207-218.

[5]　KOEHN M，SANTOMERO A. Regulation of bank capital and portfolio risk ［J］. Journal of Finance，1980（35）：1235-1244.

[6]　KIM D，SANTOMERO A. Risk in banking and capital regulation ［J］. Journal of Finance，1988（43）：1219-1233.

[7]　SHRIEVES R，DAHL D. The relationship between risk and capital in commercial banks ［J］. Journal of Banking and Finance，1992，16（2）：439-457.

[8]　BLUM J.Do capital adequacy requirements reduce risks in banking？ ［J］.

Journal of Banking and Finance, 1999, 19（23）: 755-771.

[9] REPULLO R. Capital requirements, market power, and risk-taking in banking [J]. Journal of Financial Intermediation, 2004（13）: 156-182.

[10] MARTYNOVA N, RATNOVKI L, VLAHU R. Franchise value and risk-taking in modern banks [R]. DNB Working Paper, 2014.

[11] 钟永红，张卫国.资本监管约束下银行行为调整的动态特征分析 [J]. 统计研究，2018，35（4）: 53-63.

[12] 刘生福，韩雍.严监管背景下的银行资本调整与风险承担行为——兼论防范和化解金融风险的思路 [J]. 南开经济研究，2020（2）: 68-91.

[13] 左晓慧，杨成志.影子银行、监管压力与商业银行风险承担 [J]. 经济问题，2022（6）: 48-57.

[14] 邓凯骅，李梦祎.商业银行资本充足率扩充途径与机制研究 [J]. 国际金融研究，2022（12）: 57-69.

[15] KEELEY M, FURLONG F. A Reexamination of the Mean-variance Analysis of Bank Capital Regulation [J]. Journal of Banking and Finance, 1990（14）: 69-84.

[16] JACQUES K, NIGRO P. Risk-based capital, portfolio risk, and bank capital: A simultaneous equations approach [J]. Journal of Economics and Business, 1997, 49（6）: 533-547.

[17] ESTRELLA A, PARK S, PERISTIANI S. Capital ratios as predictors of bank failure [J]. Economic Policy Review, 2000（7）: 33-52.

[18] 吴栋，周建平.资本要求和商业银行行为：中国大中型商业银行的实证分析 [J]. 金融研究，2006（8）: 144-153.

[19] 宋琴，郑振龙.巴塞尔协议Ⅲ、风险厌恶与银行绩效：基于中国商业银行2004—2008年面板数据的实证分析 [J]. 国际金融研究，2011（7）: 67-73.

[20] 袁鲲，饶素凡.银行资本、风险承担与杠杆率约束：基于中国上市银行的实证研究（2003—2012年）[J]. 国际金融研究，2014（8）: 52-60.

［21］　ASHRAF B. N，ZHENG C，JIANG C，et al.Capital Regulation，Deposit Insurance and Bank Risk：International Evidence from Normal and Crisis Periods［J］.Research in International Business and Finance，2020，52（16）：1011-1088.

［22］　胡援成，王星宇.存款保险制度、银行资本监管与风险承担行为——来自中国银行业的经验证据［J］.江西财经大学学报，2021（3）：14-28.

［23］　CALEM P，ROB R.The impact of capital-based regulation on bank risk-taking［J］.Journal of Financial Intermediation，1999，8（4）：317-352.

［24］　HOVAKIMIAN A，KANE E J.Effectiveness of capital regulation at U. S. commercial banks：1985 to 1994［J］.The Journal of Finance，2000，55（1）：451-468.

［25］　BOOT A，MARINC M.Competition and entry in banking：Implications for stability and capital regulation［R］.Tinbergen Institute Discussion Paper，2006.

［26］　DIAS R.Capital regulation and bank risk-taking：New global evidence［J］.Accounting & Finance，2020.

［27］　冯乾，侯合心.资本约束、杠杆率新规与监管效果：来自中国上市银行的证据［J］.当代经济科学，2015，37（4）：39-48，125.

［28］　WITOWSCHI I R B，LUCA F A.Bank capital，risk and performance in european banking：A case study on seven banking sectors［J］.Prague Economic Papers，2015，25（2）：1-16.

［29］　BITAR M，SAAD W，BENLEMLIH M.Bank risk and performance in the MENA region：The importance of capital requirements［J］.Economic Systems，2016，40（3）：398-421.

［30］　LEPETIT L，NYS E，ROUS P，et al.The expansion of services in European banking：Implications for loan pricing and interest margins［J］.Journal of Banking and Finance，2008，32（11）：2325-2335.

［31］　LEE C C，HSIEH M F.The impact of bank capital on profitability and risk in

Asian banking [J]. Journal of International Money and Finance, 2013, (32): 251-281.

[32] 王胜邦.巴塞尔Ⅲ审慎监管框架：从单一约束转向多重约束 [J]. 国际金融研究, 2018 (6): 44-52.

[33] BITAR M, PUKTHUANTHONG K, WALKER T.The effect of capital ratios on the risk, efficiency and profitability of banks: Evidence from OECD countries [J]. Journal of International Financial Markets, Institutions and Money, 2018 (53): 227-262.

[34] 王祺, 马思超, 彭俞超.宏观审慎政策降低了商业银行盈利性吗? [J]. 国际金融研究, 2021 (3): 57-67.

[35] 梁伟森, 温思美, 余秀江.农村中小金融机构资本监管与盈利能力——基于风险承担与资产质量的中介效应 [J]. 农业技术经济, 2022 (9): 46-58.

[36] 宁薛平, 袁国方.多重监管约束下商业银行经营绩效提升 [J]. 甘肃社会科学, 2022 (6): 160-168.

[37] 郭丽丽, 李勇.货币政策、资本监管与商业银行风险承担的门槛效应：理论与经验证据 [J]. 南方经济, 2014 (12): 19-35.

[38] 王耀青, 于研.新监管标准对我国商业银行经营绩效的影响研究 [J]. 现代管理科学, 2014 (3): 67-69.

[39] TRAN V T, LIN C, NGUYEN H.Liquidity creation, regulatory capital, and bank profitability [J]. International Review of Financial Analysis, 2016 (48): 98-109.

[40] 傅强, 魏琪, 林荫华.审慎性监管与银行效率：来自中国银行业的经验证据 [J]. 管理工程学报, 2016, 30 (2): 84-92.

[41] BLUM J, HELLWIG M.The macroeconomic implications of capital adequacy requirements for banks [J]. European Economic Review, 1995 (39): 739-749.

[42] FREIXAS X, ROCHET J C.Microeconomics of banking [M]. Cambridge,

MA：MIT Press，1997.

[43] PARK S. Effects of risk-based capital requirements and asymmetric information on banks' portfolio decisions [J]. Journal of Regulatory Economics，1999（16）：135-150.

[44] 刘斌.资本充足率对我国贷款和经济影响的实证研究 [J]. 金融研究，2005（11）：18-30.

[45] KOPECKY K J，VANHOOSE D. Capital regulation，heterogeneous monitoring costs，and aggregate loan quality [J]. Journal of Banking and Finance，2006（30）：2235-2255.

[46] 戴金平，金永军，刘斌.资本监管、银行信贷与货币政策非对称效应 [J]. 经济学（季刊），2008（2）：481-508.

[47] AIYAR S，CALOMIRIS C W，HOOLEY J，et al. The international transmission of bank capital requirements： Evidence from the UK [J]. Journal of Financial Economics，2014（3）：368-382.

[48] 吴东霖，赵玮.商业银行资本监管与金融风险传递 [J]. 金融论坛，2020，25（08）：38-51.

[49] SHAW M F，CHANG J J，CHEN H J.Capital adequacy and the bank lending channel： Macroeconomic implications [J]. Journal of Macroeconomics，2013（3）：121-137.

[50] BRIDGES J，GREGORY D，NIELSEN M，et al. The impact of capital requirements on bank lending [R]. Bank of England Working Paper，2014.

[51] COHEN B H，SCATIGNA M.Banks and capital requirements： Channels of adjustment [J]. Journal of Banking and Finance，2016（6）：56-69.

[52] LICHT A N.Regulatory arbitrage for real： International securities regulation in a world of interacting securities markets [J]. Virginia Journal of International Law，1998.

[53] HOUSTON J F，LIN CHEN，MA YUE.Regulatory arbitrage and international bank flows [J]. Journal of Finance，2012，67（5）：1845-1895.

[54] JOHNSON C A. Regulatory arbitrage, extraterritorial jurisdiction and dodd-frank: The implications of US Global OTC derivative regulation [R]. Quinney College of Law Research Paper, 2013.

[55] BUCHAK G, MATVOS G, PISKORSKI T, et al. Fintech, regulatory arbitrage, and the rise of shadow banks [J]. Journal of Financial Economics, 2018 (130): 453-483.

[56] 项卫星, 李宏瑾. 当前各国金融监管体制安排及其变革: 兼论金融监管体制安排的理论模式 [J]. 世界经济, 2004 (9): 68-76.

[57] GASTION C M, WALHOF P. Regulatory arbitrage: Between the art of exploiting loopholes and the spirit of innovation [J]. De Actuaris, 2007 (9): 11-13.

[58] 陈国绪. 存贷比约束下的商业银行监管套利研究 [J]. 财经问题研究, 2016 (4): 52-57.

[59] 林翰, 陈伟雄. 商业银行"三套利"生成机理及监管规制研究 [J]. 新金融, 2018 (9): 36-39.

[60] IMF. Financial stress and deleveraging: Macrofinancial implications and policy [R]. Global Financial Stability Report, 2008.

[61] 董红苗. 制度套利: 金融套利的又一种形式 [J]. 浙江金融, 2003 (11): 34-36.

[62] 梁家全. 商业银行监管套利的法律规制 [M]. 北京: 法律出版社, 2016.

[63] 时辰宙. 监管套利: 现代金融监管体系的挑战 [J]. 新金融, 2009 (7): 11-15.

[64] 陈业宏, 黄辉. 国际金融监管套利规制困境与反思 [J]. 中南财经政法大学学报, 2013 (2): 90-95.

[65] 刘莉亚, 黄叶苨, 周边. 监管套利、信息透明度与银行的影子——基于中国商业银行理财产品业务的角度 [J]. 经济学 (季刊), 2019, 18 (3): 1035-1060.

[66] MACEY J R. Regulatory globalization as a response to regulatory competition

[J]. Emory Law Journal, 2003 (52): 1353-1362.

[67] ACHARYA V, RICHARDSON M.Causes of the financial crisis [J]. Critical Review, 2009 (21): 195-210.

[68] 张金城，李成.金融监管国际合作失衡下的监管套利理论透析 [J]. 国际金融研究，2011 (8): 56-65.

[69] FIDRMUC J, HAINZ C.The effect of banking regulation on cross-border lending [J]. Journal of Banking & Finance, 2013, 37 (5): 1310-1322.

[70] FLEISCHER V.Regulatory arbitrage [J]. Texas Law Review, 2010.

[71] 沈庆劼.监管套利的动因、模式与法律效力研究 [J]. 江西财经大学学报，2011 (3): 123-128.

[72] 梁家全.商业银行监管套利的法律规制 [M]. 北京：法律出版社，2016.

[73] 于博，吴菡虹.银行业竞争、同业杠杆率攀升与商业银行信用风险 [J]. 财经研究，2020，46 (2): 36-51.

[74] SCHWARCZ S L.Regulating shadow banking [J]. Review of Banking and Financial Law, 2012, 31 (1): 619-642.

[75] 陈国进，蒋晓宇，刘彦臻，等.资产透明度、监管套利与银行系统性风险 [J]. 金融研究，2021 (3): 18-37.

[76] 蒋为，张明月，陈星达.银行国际化、海外监管套利与风险资产持有 [J]. 中国工业经济，2021 (5): 76-94.

[77] TEMESVARY J.The role of regulatory arbitrage in U.S. banks' international flows: Bank-level evidence [J]. Economic Inquiry, 2018, 56 (4): 2077-2098.

[78] 鲁篱，潘静.中国影子银行的监管套利与法律规制研究 [J]. 社会科学，2014 (2): 101-107.

[79] FERRI G, PESIC V.Bank regulatory arbitrage via risk weighted assets dispersion [J]. Journal of Financial Stability, 2017 (33): 331-345.

[80] 李鹏.我国影子银行监管套利的动因、途径及应对思路 [J]. 新金融，2017 (6): 48-52.

[81]　瞿凌云，许文立，钱国军.宏观审慎框架下通道套利监管的有效性研究——基于动态随机一般均衡模型（DSGE）的分析［J］.金融经济学研究，2019，34（5）：10-22.

[82]　侯成琪，黄彤彤.影子银行、监管套利和宏观审慎政策［J］.社会科学文摘，2020（10）：47-49.

[83]　沈庆劼.商业银行监管资本套利的动因、模式与影响研究［J］.经济管理，2010，32（11）：1-6.

[84]　马轶群，崔伦刚.论国家审计对金融行业监管套利的监督——以交叉金融创新为例［J］.审计研究，2016（5）：27-31.

[85]　POZSAR Z，SINGH M.The nonbank-bank nexus and the shadow banking system［R］.IMF Working Paper，2011.

[86]　中国银保监会政策研究局课题组，中国银保监会统计信息与风险监测部课题组.中国影子银行报告［J］.金融监管研究，2020（11）：1-23.

[87]　MADDALONI A，PEYDRÓ J L.Bank risk-taking，securitization，supervision，and low interest rates：Evidence from the euro-area and the US lending standards［J］.The Review of Financial Studies，2011，24（6）：2121-2165.

[88]　钟伟，谢婷.巴塞尔协议Ⅲ的新近进展及其影响初探［J］.国际金融研究，2011（3）：46-55.

[89]　MILCHEVA S.Cross-country effects of regulatory capital arbitrage［J］.Journal of Banking and Finance，2013（37）：5329-5345.

[90]　PLANTIN G.Shadow banking and bank capital regulation［J］.Review of Financial Studies，2014，28（1）：146-175.

[91]　DEMYANYK Y，LOUTSKINA E.Mortgage companies and regulatory arbitrage［J］.Journal of Financial Economics，2016（122）：328-351.

[92]　马亚明，贾月华，侯金丹.影子银行对我国房地产市场的影响：基于监管套利视角［J］.广东财经大学学报，2018，33（01）：39-48，71.

[93]　陈和，陈增欢.商业银行监管套利、影子银行业务与资产结构变化［J］.

南方金融，2020（7）：23-33.

[94] CAO XIAO，JIN CHENG，MA WENJIE.Motivation of Chinese commercial banks to issue green bonds： Financing costs or regulatory arbitrage？ ［J］. China Economic Review，2021.

[95] CLARK B，EBRAHIM A.Risk shifting and regulatory arbitrage： Evidence from operational risk ［J］. Journal of Financial Stability，2022.

[96] LE LESLE V，AVRAMOVA S.Revisiting risk-weighted assets： Why do RWAs differ across countries and what can be done about it？ ［R］. IMF Working Paper，2012.

[97] VALLASCAS F，HAGENDORFF J. The risk sensitivity of capital requirements： evidence from an international sample of large banks ［J］. Review of Finance，2013，17（6）：1947-1988.

[98] MARIATHASAN M，MERROUCHE O.The manipulation of basel risk-weights ［J］. Journal of Financial Intermediation，2014，23（3）：300-321.

[99] ACHARYA V，STEFFEN S. The "greatest" carry trade ever？ Understanding eurozone bank risks ［J］. Journal of Financial Economics，2015，115（2）：215-236.

[100] BOYSON N M，FAHLENBRACH R，STULZ R M.Why don't all banks practice regulatory arbitrage？ Evidence from usage of trust-preferred securities ［J］. The Review of Financial Studies，2016，29（7）：1821-1859.

[101] GIOVANNI F，VALERIO P.Bank regulatory arbitrage via risk weighted assets dispersion ［J］. Journal of Financial Stability，2017，33（1）：331-345.

[102] LIU CAI.The IRB model， bank regulatory arbitrage， and the Eurozone crisis ［J］. Journal of International Money and Finance，2021（116）：1-22.

[103] 莫贤锐，骆祚炎.商业银行短期理财产品监管套利程度的测度分析 ［J］. 武汉金融，2021（1）：27-35.

[104] 张桥云，王纬，吴静.贷款证券化、监管资本套利与资本监管改进 ［J］. 投资研究，2012，31（5）：23-33.

[105] KAROLYI G A, TABOADA A G.Regulatory arbitrage and cross-border bank acquisitions [J]. Journal of Finance, 2015, 70 (6): 2395-2450.

[106] 梁家全.商业银行金融创新的异化与规制：基于监管套利的视角 [J]. 南方金融, 2016 (3): 48-56.

[107] 卢海峰, 刘子宪.套利博弈、信用创造异化与监管优化 [J]. 上海金融, 2018 (5): 8-15.

[108] 杨新兰.资本监管约束下的银行最适资本缓冲研究 [J]. 国际金融研究, 2018 (7): 53-63.

[109] 胡永强.论我国商业银行贸易融资同业业务的有效监管 [D]. 对外经济贸易大学, 2015.

[110] STIGLER G J.The theory of economic regulation [J]. The Bell Journal of Economic and Management Science, 1971, 2 (1): 3-21.

[111] PELTZMAN S.Towards a more general theory of economic regulation [J]. Journal of Law and Economics, 1976 (1): 211-240.

[112] MINSKY H P.The financial instability hypothesis: Capitalist processes and the behavior of the economy [M]. Cambridge: Cambridge University Press, 1982.

[113] KREGEL J A.Margins of safety and weight of the argument in generating financial fragility [J]. Journal of Economic Issues, 1997 (31): 543-548.

[114] 陈伟平, 张娜.货币政策、资本监管与商业银行风险承担行为——理论分析与中国实证 [J]. 金融与经济, 2019 (3): 16-24.

[115] 李晓文.资本充足率对信贷和经济的影响研究 [D]. 成都: 西南财经大学, 2010.

[116] Heuvel S J V D.Does bank capital matter for monetary transmission? [J]. FRBNY Economic Policy Review, 2002 (8): 259-265.

[117] MODIGLIANI F, MILLER M H.The cost of capital corporation finance and the theory of investment [J]. American Economic Review, 1958, 48 (3): 261-297.

［118］ MODIGLIANI F，MILLER M H.Corporate income taxes and the cost of capital a correction ［J］. American Economic Review，1963，53（3）：433-443.

［119］ MERTON H，MILLER.Do the M&M propositions apply to banks? ［J］. Journal of Banking Finance，1995（19）：483-489.

［120］ KAREKEN J H，WALLACE N.Deposit insurance and bank regulation： A partial equilibrium exposition ［J］. The Journal of Business，1978，51（3）： 413-438.

［121］ JENSEN M C，MECKLING W H.Theory of the firm： Managerial behavior， agency costs and ownership structure ［J］. Journal of Financial Economics， 1976，3（4）：305-360.

［122］ MYERS S C，MAJLUF N S.Corporate financing and investment decisions when firms have information that investors do not have ［J］. Journal of Financial Economics，1984，13（2）：187-221.

［123］ MERTON R C.Analytic derivation of the cost of deposit insurance and loan guarantees ［J］. Journal of Banking and Finance，1977，1（1）：3-11.

［124］ ALLEN F，CARLETTI E，MARQUEZ R.Deposits and bank capital structure ［J］. Journal of Financial Economics，2015，118（3）：601-619.

［125］ 中国银监会课题组，王兆星，韩明智，王胜邦.商业银行资本监管制度改革（三）：建立杠杆率监管标准 弥补资本充足率的不足 ［J］. 中国金融，2010a，（03）：68-70.

［126］ 周行健.基于价值创造的商业银行经济资本管理研究 ［D］. 长沙：湖南大学，2009.

［127］ 中国银监会课题组，等.商业银行资本监管制度改革（六）：重新校准资本充足率监管标准 增强银行体系应对风险的能力 ［J］. 中国金融，2010b，（6）：73-75.

［128］ 巴曙松，朱元倩，等.巴塞尔资本协议Ⅲ研究 ［M］. 北京：中国金融出版社，2011.

［129］ 中国银行业协会行业发展研究专业委员会.2022年度中国银行业发展报告

[M]. 北京：中国金融出版社，2022.

[130] 章彰.杠杆率的宏观审慎监管效果及其局限 [J]. 银行家，2016（2）：
34-37.

[131] 靳玉英，贾松波.杠杆率监管的引入对商业银行资产结构的影响研究
[J]. 国际金融研究，2016（6）：52-60.

[132] 赫尔.期权、期货和其他衍生产品 [M]. 北京：机械工业出版社，2009.

[133] 吴志峰.套利与市场均衡——对中国证券市场失衡的套利分析 [D]. 暨
南大学，2003.

[134] DONAHOO K K，SHAFFER S.Capital requirements and the securitization
decision [J]. The Quarterly Review of Economics and Business，1991，31
（4）：12-23.

[135] PARTONY F. Financial derivative and the costs of regulatory [J]. The
Journal of Corporation Laws，1997（22）：604-607.

[136] 彭红枫，杨柳明，王黎雪.基于演化博弈的金融创新与激励型监管关系研
究 [J]. 中央财经大学学报，2016（9）：92-100.

[137] 谢识予.经济博弈论（第二版）[M]. 上海：复旦大学出版社，2002.

[138] ARICCIA G，MARQUEZ R.Competition among regulators and credit market
integration [R]. IMF Working Paper，2003.

[139] KANE E J.Good intentions and unintended evil [J]. The Journal of Money，
Credit and Banking，1977（2）：55-69.

[140] KANE E J.Getting along without regulation Q：Testing the standard view of
deposit-rate competition during the "wild-card experience" [J]. Journal
of Finance，1978（33）：921-932.

[141] KANE E J.Accelerating inflation，regulation and banking innovation [J].
Issues in Bank Regulation，1980（7）：5-16.

[142] KANE E J. Accelerating inflation，technological innovation，and the
decreasing effectiveness of banking regulation [J]. Journal of Finance，1981
（36）：355-367.

[143] 蒋媛媛，李雪增.不完全契约理论的脉络发展研究 [J]. 新疆师范大学学报（哲学社会科学版），2014，35（2）：106-111.

[144] HART O.Firm, contract and financial structure [M]. New York：Oxford University Press，1995.

[145] 崔琳，周方伟，李军林.统一监管还是分业监管——基于不完全契约的视角 [J]. 金融评论，2019，11（6）：68-85，122.

[146] EDIZ T，MICHAEL I，PERRAUDIN W.The impact of capital requirements on UK bank behaviour [J]. Economic Policy Review，1998（4）：15-22.

[147] RIME B.Capital requirements and bank behaviour：Empirical evidence for Switzerland [J]. Journal of Banking &Finance，2001，25（4）：789-805.

[148] 朱建武.监管压力下的中小银行资本与风险调整行为分析 [J]. 当代财经，2006（1）：65-70.

[149] 梁伟森，程昆.监管约束下农村中小金融机构的资本调整与风险承担 [J]. 金融监管研究，2021（6）：21-36.

[150] 王喆，张明.金融去杠杆背景下中国影子银行体系的风险研究 [J]. 金融监管研究，2018（12）：34-53.

[151] 尹豪.系统性金融风险度量研究综述 [J]. 金融监管研究，2020（12）：32-49.

[152] JONES D. Emerging problems with the basel capital accord：Regulatory capital arbitrage and related issues [J]. Journal of Banking and Finance，2000（24）：35-58.

[153] 刘凤元，邱铌.论跨境监管套利的风险规制 [J]. 中南大学学报（社会科学版），2022，28（4）：42-52.

[154] ARICCIA G，LAEVEN L，MARQUEZ R.Real interest rates，leverage and bank risk-taking [J]. Journal of Economic Theory，2014，149（1）：65-99.

[155] 李双建，田国强.银行竞争与货币政策银行风险承担渠道：理论与实证 [J]. 管理世界，2020，36（4）：149-168.

[156] 王喆，张明，刘士达.从"通道"到"同业"——中国影子银行体系的演进历程、潜在风险与发展方向［J］.国际经济评论，2017（4）：128-148，8.

[157] 娄飞鹏.金融去杠杆视角的同业存单发展与监管分析［J］.金融发展研究，2017（7）：59-64.

[158] 周月秋，藏波.资管2.0时代商业银行理财业务的转型与发展［J］.金融论坛，2019，24（1）：3-11.

[159] 彭俞超，何山.资管新规、影子银行与经济高质量发展［J］.世界经济，2020，43（1）：47-69.

[160] 卜振兴.资产管理行业发展的趋势研究［J］.金融市场研究，2021（7）：99-106.

[161] 李娜.监管政策变迁背景下商业银行理财产品收益率影响因素和模式创新研究［D］.中南财经政法大学，2019.

[162] 叶宗裕.关于多指标综合评价中指标正向化和无量纲化方法的选择［J］.浙江统计，2003（4）：25-26.

[163] 陈鹏宇.多指标综合评价的一种新合成法及其检验［J］.统计与决策，2021，37（14）：33-37.

[164] 巴曙松，金玲玲，等.巴塞尔资本协议Ⅲ的实施：基于金融机构的视角［M］.北京：中国人民大学出版社，2014.

[165] 钟震，董小君，郑联盛，等.国际金融监管规则演变的逻辑演绎及我国应对之策［J］.宏观经济研究，2017（1）：31-41，155.

[166] 边卫红，郭梅亮.结构性分离法则重塑英国银行业［J］.中国金融，2011（20）：86-87.

[167] 陈柳钦.德国金融混业经营及其监管［J］.武汉金融，2008（10）：31-34.

[168] 董小君，钟震.德意志银行危机的特征、成因及其启示［J］.国家行政学院学报，2017（2）：113-117；128.

[169] 郭宏宇.衍生品业务汇集引致的金融风险——2015年第三季度德意志银

行巨亏评析［J］.银行家，2015（11）：96-99；7.

［170］ 中国银监会课题组，等.商业银行资本监管制度改革（二）：提高资本工
具质量 增强银行损失吸收能力［J］.中国金融，2010c，（2）：68-70.

索引